DIREITO À SAÚDE E QUALIDADE DOS MEDICAMENTOS

JÓNATAS E. M. MACHADO
*Professor Associado da Faculdade de Direito
da Universidade de Coimbra*

VERA LÚCIA RAPOSO
*Assistente da Faculdade de Direito
da Universidade de Coimbra*

DIREITO À SAÚDE E QUALIDADE DOS MEDICAMENTOS

Proteção dos dados de ensaios clínicos numa perspetiva de direito brasileiro, comparado e internacional

ALMEDINA

DIREITO À SAÚDE E QUALIDADE DOS MEDICAMENTOS

AUTORES
JÓNATAS E. M. MACHADO
VERA LÚCIA RAPOSO

EDITOR
EDIÇÕES ALMEDINA, SA
Av. Fernão Magalhães, n.º 584, 5.º Andar
3000-174 Coimbra
Tel.: 239 851 904
Fax: 239 851 901
www.almedina.net
editora@almedina.net

ALMEDINA BRASIL, LTDA
Alameda Lorena, 670
Jardim Paulista
01424-000 São Paulo
Tel./Fax: +55 11 3885 6624 / 3562 6624
Mob: +55 11 6963 1739
brasil@almedina.com.br

PRÉ-IMPRESSÃO
G.C. – GRÁFICA DE COIMBRA, LDA.
producao@graficadecoimbra.pt

Julho, 2010

DEPÓSITO LEGAL
313470/10

Os dados e as opiniões inseridos na presente publicação
são da exclusiva responsabilidade do(s) seu(s) autor(es).

Toda a reprodução desta obra, por fotocópia ou outro qualquer
processo, sem prévia autorização escrita do Editor, é ilícita
e passível de procedimento judicial contra o infrator.

Biblioteca Nacional de Portugal – Catalogação na Publicação

MACHADO, Jonatas, e outro

Direito à saúde e qualidade dos medica-
mentos / Jonatas E. M. Machado, Vera
Lúcia Raposo. – (Monografias)
ISBN 978-972-40-4180-3

I – RAPOSO, Vera Lúcia

CDU 342
347
341
615

1
Introdução

O direito à saúde ocupa um lugar de relevo crescente no direito internacional dos direitos humanos. E estes constituem hoje o coração do direito internacional. Nunca, como agora, o direito internacional se baseou nos direitos humanos. Estes fornecem um fundamento de legitimidade e um padrão de conformação do direito internacional. O seu *vigor irradiante* projeta-se na conformação subjetiva e objetiva do direito internacional contemporâneo, podendo afirmar-se que constituem hoje o balanço da cultura jurídica internacional.

Esta realidade constitui um dos desenvolvimentos mais significativos do direito internacional contemporâneo. A temática dos direitos humanos têm vindo a alargar o seu domínio normativo de aplicação, permeando os mais variados setores do direito internacional e do direito nacional. Particularmente estimulante tem sido o impacto desta realidade nas relações entre o direito internacional e o direito constitucional. Estas têm sido profundamente alteradas e reconceptualizadas, em termos que por vezes sugerem a emergência de uma espécie de "monismo de direitos humanos". Mesmo que esta expressão não traduza, de maneira fiel, toda a complexidade teórica das relações entre o direito internacional e o direito constitucional, é inegável que, do ponto de vista prático, se afigura cada vez mais difícil tematizar uma qualquer questão de direitos fundamentais sem mobilizar os princípios, os tratados, o costume, a jurisprudência e a doutrina do direito internacional dos direitos humanos. Justifica-se, cada vez mais, a adoção de perspetivas inter-constitucionais, ou inter-normativas, na resolução das questões jurídicas.

No entanto, a irradiação dos direitos humanos para toda a ordem jurídica, internacional e nacional, não resolve, por si só, todos problemas. Em muitos casos, as controvérsias tradicionais relativas aos dissensos que existem no plano dos valores, dos princípios e dos interesses, re-emergem no "jogo de linguagem" dos direitos humanos. Surge, assim, uma nova realidade teorética e dogmática, em que a conflitualidade social se manifesta num mundo marcado por colisões de direitos humanos à escala planetária. Essas colisões resultam, não apenas do fato de os direitos humanos servirem para articular comunicativamente conflitos de valores e interesses, mas também de haver discordâncias sérias e legítimas sobre o modo como esses direitos podem e devem ser efetivados de forma sustentável, a curto, médio e longo prazo. Do mesmo modo, também está longe de ser pacífica a determinação dos limites da restrição dos direitos em confronto, inerente à respetiva ponderação com outros de direitos e bens jurídicos da comunidade e do Estado.

Ainda assim, as colisões de direitos fundamentais não são comparáveis às colisões aleatórias e caóticas de átomos que caracterizavam os modelos atomistas de filósofos da antiguidade, como Epicuro ou Demócrito. Elas são resolvidas no quadro dos imperativos normativos universalizáveis que estruturam os princípios do *governo da lei* e da *primazia da lei* (*rule of law*), no plano nacional e internacional. A sedimentação multi-secular destes princípios constitui, indiscutivelmente, um elemento diferenciador e distintivo da realidade jurídica contemporânea.

Estes aspetos revestem-se do maior relevo quando nos debruçamos sobre as delicadas questões que envolvem o direito à saúde e as suas implicações em domínios como as patentes farmacêuticas ou a proteção de direitos exclusivos sobre dados de ensaios pré-clínicos e clínicos dos medicamentos, sendo este segundo tema o que vai ocupar neste momento a nossa atenção. Ninguém duvida da centralidade do direito à saúde, enquanto dimensão concretizadora fundamental do direito à vida, à integridade física e psíquica e ao bem-estar individual e social. Ninguém põe em causa a proeminência do direito à saúde enquanto condição de desenvolvimento económico, social e cultural das populações.

Podem surgir, porém, divergências significativas quanto ao modo da sua realização, especialmente quando se procura soluções consistentes e congruentes com os diferentes princípios do Estado de direito e do Estado social e se pondera variáveis técnicas e económicas essenciais à concretização do direito à saúde a curto, médio e longo prazo. A própria maneira de articular os problemas pode ser substancialmente diferente, consoante as perspetivas adotadas.

O caso da proteção dos direitos patentários da indústria farmacêutica diante dos medicamentos genéricos é paradigmático. Uma abordagem do problema sustenta que se coloca aqui um conflito entre o direito à saúde das populações e o interesse público, por um lado, e o direito de propriedade intelectual e os interesses económicos da indústria farmacêutica, por outro. Para esta abordagem, o direito à saúde deveria prevalecer sobre o direito de propriedade intelectual e o problema seria facilmente resolvido.

Uma abordagem que nos parece juridicamente muito mais consistente e realista considera que o que verdadeiramente está em causa é um conflito entre duas dimensões essenciais do direito à saúde. A primeira, concentra a sua atenção na acessibilidade dos medicamentos ao grande público e na redução dos custos com a saúde, procurando promover os medicamentos genéricos, com uma perspetiva de curto prazo. A segunda, preocupa-se com a garantia da continuidade do fornecimento de medicamentos inovadores de elevada qualidade, segurança e eficácia, enfatizando a importância disso para o objetivo de proteção da saúde a médio e longo prazo, a nível nacional e internacional, em ordem a fazer face às novas emergências sanitárias de natureza global. A proteção da propriedade intelectual, incluindo a informação dos ensaios clínicos, além de ter uma justificação substantiva, baseada em princípios de justiça, teria também um importante relevo instrumental, já que constitui um incentivo ao investimento, à inovação e à garantia de qualidade.

Para esta segunda perspetiva, o direito à saúde não privilegia uma ou outra das dimensões em presença, na medida em que ambas se mostram essenciais à sua realização. Em nosso entender, é ela que melhor se adequa à abordagem do problema dos direitos exclusivos sobre as informações sobre os ensaios pré-clínicos e clínicos que integram o *Data Package* que as empresas submetem às autoridades sanitárias para obterem a autorização de introdução dos medicamentos no mercado.

2

Direito à saúde
e medicamentos farmacêuticos

2.1 O direito internacional dos direitos humanos

O pensamento político e jurídico vinha realçando, desde há muito, a subordinação da ordem jurídica a um conjunto de valores, princípios e bens jurídicos, tidos como fundamentais para a garantia de uma existência humana digna, justa e solidária. Foi por essa via que se assistiu ao processo multi-secular de *fundamentalização* dos direitos fundamentais. A partir de bases religiosas e filosóficas avançou-se na identificação de um conjunto de bens e imperativos categóricos que o Direito deveria proteger e promover como condição da própria possibilidade de coexistência social.

As grandes revoluções liberais e socialistas da modernidade evidenciaram que sem um nível razoável de liberdade, igualdade, fraternidade e justiça social, as sociedades entram mais facilmente em situações de instabilidade, rotura e mesmo colapso. Esses movimentos tiveram por base a premissa de que a justiça social é um elemento indispensável para a paz social. Mas foi a partir do fim da II Guerra Mundial que houve uma clara consciencialização acerca da necessidade de colocar os direitos humanos fundamentais, tanto no centro do direito internacional, como na base do direito constitucional. Isso mesmo foi conseguido, na esfera internacional, com a Carta das Nações Unidas, de 1945, a Declaração Universal dos Direitos do Homem

10 | DIREITO À SAÚDE E QUALIDADE DOS MEDICAMENTOS

(DUDH), de 1948. No direito constitucional, basta por agora assinalar a exemplaridade da Constituição de Bona, de 1949.

Embora a DUDH não tenha efeito jurídico vinculativo, muitas das suas disposições são hoje consideradas costume internacional, integrando ainda uma ordem moral mundial. Além disso, muitas delas adquiriram força jurídica vinculativa através de outros instrumentos normativos internacionais, como sejam os Pactos Internacionais de Direitos Civis e Políticos e de Direitos Económicos, Sociais e Culturais (PIDESC), de 1966. No plano regional, saliente-se o relevo da Declaração Americana dos Direitos e Direitos e Deveres do Homem, de 1948, da Convenção Europeia dos Direitos do Homem, de 1950, e da Convenção Americana dos Direitos Humanos, de 1978. Isto, sem falar dos importantes desenvolvimentos ocorridos em África e na Ásia, bem como dos múltiplos documentos de direitos humanos de natureza especializada que estruturam atualmente todo o direito internacional.

Se de uma evolução para um *constitucionalismo global* se pode falar atualmente, ela tem como matriz clara a primazia e a força normativa dos direitos humanos, no direito internacional e no direito interno, obrigando a uma reconceptualização e internacionalização do direito constitucional (LAW, 2008, p. 1277 ss). Também o próprio sistema económico está cada vez mais condicionado pelos direitos humanos, afigurando-se que o mercado deve ser visto, essencialmente, não como um fim em si mesmo, portador de uma racionalidade e de uma normatividade intrínsecas, mas como mais um meio para prosseguir os direitos humanos de forma economicamente viável.

Com efeito, a experiência subsequente ao colapso do comunismo e à Queda do Muro de Berlim, de 1989, e a presente crise do sistema financeiro e económico internacional, chamam hoje a atenção para a necessidade de garantir um desenvolvimento económico e social baseado, a um tempo, na livre iniciativa, na propriedade e no contrato, por um lado, e na justiça social, segurança social e solidariedade social, por outro. Neste contexto, as decisões que se tomem sobre o alcance a dar ao direitos fundamentais e às liberdades económicas têm que fundamentar-se num conjunto mais vasto de preocupações, de direito internacional dos direitos do homem.

2.2 O direito à saúde como direito humano

No espaço dos direitos humanos, o direito à saúde tem vindo a ocupar, ao longo dos tempos, uma posição preponderante. Já em 1941 o Presidente norte-americano Franklin D. Roosevelt identificou publicamente o direito à saúde como uma das liberdades essenciais à existência humana, tendo reiterado esse entendimento pouco depois[1]. O mesmo viria ocupar um lugar destacado na sua proposta de um *Second Bill of Rights*, de natureza social (SUNSTEIN, 2005, p. 205 ss). O direito à saúde é uma dimensão fundamental da dignidade da pessoa humana e da capacidade de desenvolvimento autónomo da personalidade. No rescaldo da II Guerra Mundial, e da miséria humana que dela resultou, as sementes do direito à saúde foram lançadas na Carta das Nações Unidas, com a sua ênfase, inscrita nos artigos 55.º e 56.º, no bem estar dos povos, no respeito pelos direitos humanos, no progresso económico e social e na resolução de problemas económicos e sociais, incluindo a saúde. Ele foi desde o início consagrado na Declaração Universal dos Direitos do Homem, no seu artigo 25.º, integrando a matriz originária do direito internacional dos direitos humanos do século XX.

No artigo 25.º da DUDH lê-se que "[t]oda a pessoa tem direito a um nível de vida suficiente para lhe assegurar e à sua família a saúde

---

[1] Veja-se, Franklin D. Roosevelt, State of the Union Address (January 6, 1941): "The third is freedom from want, which, translated into world terms, means economic understandings which will secure to every nation a healthy peacetime life for its inhabitants everywhere in the world." State of the Union Address (January 11, 1944): "Among these [rights in a second Bill of Rights] are: ...The right to adequate medical care and the opportunity to achieve and enjoy good health."

12 | DIREITO À SAÚDE E QUALIDADE DOS MEDICAMENTOS

e o bem-estar, principalmente quanto à alimentação, ao vestuário, ao alojamento, à assistência médica e ainda quanto aos serviços sociais necessários, e tem direito à segurança no desemprego, na doença, na invalidez, na viuvez, na velhice ou noutros casos de perda de meios de subsistência por circunstâncias independentes da sua vontade." A garantia da saúde, pessoal e familiar, é representada como uma condição de existência humana digna, abrangendo, entre outras coisas, a assistência médica e social necessária, especialmente no caso de doença. A saúde constitui uma importante medida do bem-estar individual e coletivo (JAMAR, 1994, p. 21). A mesma ideia encontra-se consagrada noutros instrumentos jurídicos internacionais.

À ascendente importância política e jurídica do direito à saúde não será certamente alheio o aumento da esperança de vida das populações, que é a um tempo consequência e causa de uma maior atenção a este direito. Do mesmo modo, o crescimento demográfico, a globalização e a liberalização e facilitação da circulação de pessoas e mercadorias e da prestação de serviços, juntamente com o aumento exponencial dos riscos pandémicos, têm obrigado a colocar o problema do direito à saúde em novas bases, que transcendem os direitos privados e o próprio direito constitucional e transbordam para a comunidade internacional e para o direito internacional.

2.2.1 *Consagração nos instrumentos internacionais*

O Pacto de Direitos Económicos, Sociais e Culturais (PIDESC), de 1966, no seu artigo 12.º, procura ir um pouco mais longe na densificação e concretização do direito à saúde. Aí se dispõe, no n.º 1, que "[o]s Estados-partes no presente Pacto reconhecem o direito de toda pessoa de desfrutar o mais elevado nível de saúde física e mental." Não se garante o direito (nem se prescreve o dever) de ser saudável, antes se aponta para o desenvolvimento dos padrões de qualidade na garantia do direito à saúde, de forma a elevar o nível de proteção deste direito humano fundamental, nas suas dimensões individuais e coletivas

(MEIER, 2005, p. 101 ss). Entre os meios previstos para atingir esse fim destacam-se, no n.º 2/c)/d) do mesmo artigo, a prevenção e o tratamento das doenças epidémicas, endémicas, profissionais e outras, bem como a luta contra essas doenças, juntamente com a criação de condições que assegurem a todos assistência médica e serviços médicos no caso de enfermidade. Em todo o caso, este artigo deixa bem claro que a proteção e promoção do direito à saúde depende da ação estadual sobre múltiplos e distintos fatores, como sejam, por exemplo, a melhoria das condições higiénicas do trabalho ou a proteção do ambiente. A generalidade das fórmulas adotadas confere aos Estados uma maior margem de conformação e discricionariedade do que a concedida pelo Pacto dos Direitos Civis e Políticos (JAMAR, 1994, p. 23).

Para além da DUDH e do PIDESC, o direito à saúde encontra-se consagrado noutros instrumentos de direitos humanos, como por exemplo no artigo 5.º da Convenção para a Eliminação de todas as Formas de Discriminação Racial, de 1965, nos artigos 11.º/1 e 12 da Convenção de Discriminação contra as Mulheres, de 1979, no artigo 24.º da Convenção dos Direitos da Criança, de 1989, no artigo 11.º da Carta Social Europeia revista, no artigo 16.º da Carta Africana de Direitos do Homem e dos Povos, de 1981, e no artigo 10.º do Protocolo Adicional à Convenção Americana de Direitos Humanos no domínio dos Direitos Económicos, Sociais e Culturais, de 1988. As formulações adotadas nestes instrumentos normativos são ainda demasiado vagas e indeterminadas, fornecendo padrões ainda pouco precisos para a avaliação da atuação estadual. Torna-se, por isso, necessário ir mais longe para dar substância ao direito humano em presença.

O principal desafio da doutrina e das diferentes organizações internacionais que se têm debruçado sobre o direito à saúde tem sido articular o seu conteúdo em termos que sejam a um tempo úteis, operativos e efetivos (JAMAR, 1994, p. 1 ss). Para o efeito, a doutrina tem procurado impedir a captura do direito à saúde por uma lógica utilitarista, procurando mobilizar contributos teorético-políticos importantes, como aqueles que pretendem inserir o direito à saúde no

14 | DIREITO À SAÚDE E QUALIDADE DOS MEDICAMENTOS

conceito de bem de uma teoria da justiça mais ampla (RAWLS, 1971, p. 395 ss) ou num conceito de desenvolvimento social e económico orientado para a liberdade e para a capacitação (SEN, 1999).

2.2.2 O Comentário Geral 14 sobre o direito à saúde

A densificação semântica do direito à saúde, no quadro do direito internacional dos direitos humanos, muito tem ficado a dever ao Comentário Geral 14, elaborado pelo Comité dos Direitos Económicos, Sociais e Culturais[2]. Trata-se aí do mais elaborado e fidedigno relatório sobre o direito à saúde (RUGER, 2006, p. 274). Neste documento, através do qual se comenta o artigo 12.º do Pacto Internacional dos Direitos Económicos, Sociais e Culturais, procura-se explicitar as dimensões do direito à saúde, formulando-as em proposições concretas e capazes de exprimir pretensões jurídicas determinadas. Trata-se da definição mais autorizada do direito à saúde elaborada no âmbito do direito internacional dos direitos humanos (KEENER, 2009, p. 603 ss).

Aí se afirma que o direito à saúde compreende o direito de usufruir de instalações, bens, serviços e condições, incluindo, nomeadamente, alimento e nutrição, habitação, água potável, saneamento básico, condições de trabalho seguras, um ambiente saudável, hospitais e clínicas e medicamentos essenciais. De acordo com o Comentário Geral 14, o direito à saúde supõe a acessibilidade física, económica, informativa e não discriminatória dos bens, serviços e condições, com

---

[2] General Comment 14 UN Committee of ESCR's (2000). Igualmente importante foi o Comentário Geral 12, aprovado em Maio 1999, versando sobre o Direito à Nutrição. Ambos os documentos tiveram uma importância fundamental na interpretação, concretização e aplicação dos artigos 11.º e 12.º do PIDESC. De acordo com estes instrumentos, uma política de saúde atenta, unicamente, ao progresso das ciências médica e farmacêutica peca por negligenciar outras determinantes importantes do direito à saúde, relacionadas com aspetos concretos das condições de vida e bem estar das populações.

garantia de qualidade científica e médica adequada. O mesmo não garante o direito a ser saudável, nos planos físico e psíquico, mas sim o direito a gozar de um padrão de cuidados de saúde *tão elevado quanto possível*. Postula-se a possibilidade de identificação e quantificação dos padrões relevantes, de acordo com uma lógica principial de *otimização* e *maximização*, com inequívocas implicações práticas (JAMAR, 1994, p. 24). Sobre os Estados, o direito à saúde faz impender importantes obrigações normativas, prestacionais e regulatórias (MEIER, 2005, p. 126 ss).

A referência feita, no Comentário Geral 14, aos medicamentos essenciais, com qualidade adequada, é digna de nota. Por um lado, ela reflete o entendimento de que os mesmos são uma parte integrante da realização do direito à saúde. Este ponto assume o maior relevo quando se trate de evitar a entrada no mercado de medicamentos que não satisfaçam elevados padrões de qualidade, segurança e eficácia. Ele permite chamar a atenção para a essencialidade da função de vigilância sanitária desempenhada pelas autoridades administrativas competentes. Por outro lado, ela reconhece que os medicamentos são apenas um de muitos elementos constitutivos do direito à saúde, o que suscita imediatamente a questão da garantia da respetiva qualidade, segurança e eficácia. A realização do direito à saúde é uma tarefa complexa, que não se basta unicamente com uma política de promoção da acessibilidade dos medicamentos ao público em geral. Existem muitas outras áreas em que a atuação do Estado é fundamental.

O Comentário Geral 14 manifesta uma visão abrangente e realista do direito à saúde, salientando o modo como ele se diferencia e interage em face de outros direitos humanos constantes dos instrumentos internacionais, como sejam o direito à nutrição, à habitação, ao trabalho, à educação, à dignidade humana, à vida, à não discriminação, à igualdade, a não ser torturado, à privacidade, ao acesso à informação, as liberdade de associação, reunião e movimento, etc. Este entendimento amplo e relacional do direito à saúde afigura-se de grande relevo, na medida em que pressupõe uma relação complexa entre o direito à saúde e outras variáveis importantes associadas à pobreza e ao subdesenvolvimento. Ele sublinha a importância que o combate à pobreza, em domínios como a nutrição, a habitação e o saneamento básico, podem desempenhar na promoção da saúde pública, especialmente nas zonas rurais dos Estados menos desenvolvidos (LAWRENCE, 2008, p. 583 ss). Além disso, ele pretende mobilizar os esforços, não apenas dos Estados, mas de toda a sociedade civil, nacional e internacional, num compromisso público, simultaneamente moral e jurídico, de promoção da igualdade e da justiça no setor da saúde (RUGER, 2006, p. 278).

A perspetiva abrangente adotada pelo Comentário Geral 14 contraria qualquer tentativa redutora e politicamente oportunista, por parte de alguns Estados, de associar a garantia do direito à saúde a uma política de introdução de medicamentos genéricos e similares, em nome da acessibilidade dos medicamentos e de objetivos de poupança orçamental a curto prazo, à custa em primeira linha da garantia da qualidade dos medicamentos e dos direitos de propriedade intelectual das empresas produtoras de medicamentos de referência, responsáveis, em última análise, pelo desenvolvimento e pela disponibilização de novos medicamentos. Do ponto de vista do princípio da proporcionalidade em sentido amplo, com os seus princípios da adequação, necessidade e proporcionalidade em sentido estrito, existem muitas medidas alternativas que o Estado pode e deve tomar para a realização do direito à saúde, antes de pretender privar as empresas que se dedicam ao desenvolvimento e produção de medicamentos inovadores de meios que lhes permitam suportar os enormes custos dessa atividade.

2.2.3 *Irradiação jurídica e política internacional*

O direito à saúde transcende hoje os instrumentos normativos em que se encontra consagrado. Mais do que uma base convencional, o direito à saúde integra cada vez mais o domínio dos princípios gerais do direito internacional dos direitos humanos, tendo importantes refrações na avaliação, não apenas dos Estados partes nos instrumentos internacionais referidos, mas de todos os Estados e de todas as organizações internacionais. Nisso se consubstancia atualmente a universalidade do direito à saúde. O mesmo integra o *direito constitucional global*, sendo materialmente paramétrico para todos os sujeitos de direito internacional, independentemente de qualquer mecanismo formal de consagração ou reconhecimento, sem prejuízo do relevo que as formalidades possam assumir na sua efetivação (JAMAR, 1994, p. 24).

2.2.3.1 *A Organização Mundial de Saúde*

A Organização Mundial de Saúde (OMS) foi criada em 1948 como a primeira agência especializada das Nações Unidas. Atualmente conta com 193 Estados membros. A Constituição da OMS, no seu artigo 1.º, adscreve-lhe o objetivo de promover o nível de saúde mais elevado para todos os povos. A saúde é definida, pelo Preâmbulo da Constituição da OMS, em termos amplos, como o completo bem-estar físico, mental e social, e não apenas como ausência de doença ou enfermidade. Esse entendimento está subjacente ao artigo 2.º do instrumento em causa, onde são estabelecidas as funções da OMS.

Desde a sua criação a OMS tem procurado abordar a promoção da saúde pública adotando uma orientação para os problemas, de tipo funcionalista, mais do que uma abordagem de direitos humanos. Ainda assim, estes de modo algum foram descurados por esta organização. Pelo contrário. Desde logo, a OMS desempenhou um importante papel na redação do artigo 12.º do PIDESC (JAMAR, 1994, p. 43). Além disso, cada vez mais a abordagem dos problemas de saúde pública é enquadrada pelos valores, princípios e regras do direito à saúde internacionalmente consagrado.

No seu currículo, a OMS tem ainda o mérito de ter, pelo menos, tentado promover uma visão mais proativa e abrangente da saúde pública, tendo solicitado ao Tribunal Internacional de Justiça (TIJ), em 1993, um parecer sobre a legitimidade de realização de testes nucleares[3]. No entanto, foi travada nesse intento pelo TIJ, que, na sua resposta, cerca de três anos mais tarde, sustentou uma interpretação limitada do mandato da OMS, tendo considerado que a mesma não tinha legitimidade processual ativa junto do tribunal por se dever preocupar apenas, à luz do princípio da especialidade, com os *efeitos* da utilização de armas nucleares e não com a questão da respetiva *legalidade*[4]. Apesar de tudo, nos últimos anos, à medida que se torna evidente a estreita relação entre globalização, direitos humanos e saúde pública planetária, a OMS, por via do importante acervo de *soft law* produzido, tem vindo a assumir um maior relevo na *governança global*, na área da saúde, associando este direito a outros temas importantes, como a promoção dos direitos humanos, a redução de armas nucleares, químicas e bacteriológicas, o desenvolvimento económico e social, a proteção do ambiente e o combate a pandemias (NOVOTNY, 2007, p. 19 ss).

Uma das áreas de atuação da OMS diz respeito à autorização de introdução dos medicamentos no mercado[5]. A preocupação da OMS, desde há umas décadas a esta parte, consiste no estabelecimento de um mecanismo abrangente de regulação dos procedimentos de certificação da segurança, da eficácia e da observância de boas práticas de produção (*Good Manufacturing Practices*) de produtos farmacêuticos em movimento no comércio internacional. Para o efeito estabeleceu formulários padrão, a fim de confirmar a realização de procedimentos

---

[3] A pergunta colocada pela OMS ao TIJ era: "ln view of the health and environmental effects, would the use of nuclear weapons by a State in war or other armed conflict be a breach of its obligations under international law including the WHO Constitution?"

[4] *Legality of the Use by a State of Nuclear Weapons in Armed Conflict, Advisory Opinion, I. C. J. Reports 1996*, p. 66.

[5] WHO, Action Programme on Essential Drugs, *Use of the WHO Certification Scheme on the Quality of Pharmaceutical Products Moving in International Commerce*, WHO/DAP/94.21, at 1 (Jan. 1995), *available at* whqlibdoc.who.int/hq/1994/WHO_DAP_94.21.pdf [hereinafter WHO *Certification Scheme*].

DIREITO À SAÚDE E MEDICAMENTOS FARMACÊUTICOS | 19

de registo no Estado de origem do medicamento, a observância das normas sobre GMP e a análise da qualidade do produto (BAKER, 2008, p. 308). A finalidade prosseguida consiste em rodear de todas as garantias de qualidade a importação de medicamentos de Estados em desenvolvimento.

A partir de 2001, a OMS estabeleceu um mecanismo, efetivado por entidades não regulatórias, de garantia da qualidade de medicamentos usados para o tratamento da AIDS, malária e tuberculose[6]. De acordo com este programa, as empresas produtoras de medicamentos que queiram ver os seus produtos inscritos numa lista de pré--qualificação devem submeter um *dossier* de produto com informação detalhada sobre questões como a pureza dos ingredientes, a estabilidade e a bioequivalência. O produto é subsequentemente sujeito a testes e as condições de manufatura são inspecionadas. Trata-se, apesar de tudo, de um programa limitado pela escassez dos recursos da OMS. No entanto, se ele vier a funcionar de maneira credível, como garantia da qualidade, segurança e eficácia dos medicamentos destinados aos Estados menos desenvolvidos, não está excluída a possibilidade de conduzir ao enfraquecimento da proteção da informação dos testes nos Estados mais desenvolvidos (CHILDS, 2005, p. 79 ss).

2.2.3.2 *Os tribunais internacionais*

Os tribunais internacionais de direitos humanos têm dado um importante contributo para a densificação do direito à saúde. Salienta-se, neste contexto, os contributos dados pelo Tribunal Europeu dos Direitos Humanos (TEDH) e pelo Tribunal Inter-Americano dos Direitos Humanos (TIADH). A sua jurisprudência tem tido o mérito de evidenciar a indissociabilidade do direito à saúde de muitos domínios da atividade dos Estados e das empresas, juntamente com a

---

[6] WHO, Key Facts About The WHO Prequalification Project (2006), *available at* www.who.int/3by5prequal/en/

íntima relação que ele estabelece com outros direitos humanos fundamentais. Por exemplo, o TEDH tem sublinhado a íntima relação que existe entre o direito do ambiente e o direito à saúde[7]. O direito à saúde está também estreitamente ligado com o exercício de outros direitos humanos fundamentais, como o direito à privacidade e à vida familiar. O TEDH não tem hesitado em recorrer ao artigo 8.º da CEDH sempre que esteja em causa uma violação do direito à saúde que se possa repercutir negativamente na privacidade e na família. Na jurisprudência do TEDH também se sublinha a existência, por parte do Estado, de deveres positivos de regulação e supervisão da atividade das empresas privadas que constitua um risco para a saúde pública. Este princípio não deixará de ter importantes refrações no domínio da regulação e supervisão da indústria farmacêutica de medicamentos de referência e genéricos.

O TIADH também tem uma jurisprudência relevante no âmbito do direito à saúde (KEENER, 2009, p. 595 ss). Uma leitura integrada das decisões mais importantes revela que este tribunal, sediado em S. José da Costa Rica, tem extraído importantes implicações normativas deste direito humano. Quando confrontado com violações graves do direito à saúde de povos indígenas por parte do Estado do Paraguai[8], o TIADH extraiu o direito à saúde do direito à vida, sustentando que este requer condições para uma vida digna e que estas determinam obrigações positivas por parte do Estado, com relevo para a proteção da saúde (KEENER, 2009, p. 606 ss). Entre estas obrigações destacam-se a provisão regular de alimentação e água potável, de cuidados médicos e de medicamentos apropriados e de condições de saneamento e gestão de resíduos.

No caso *Ximenes Lopes v. Brasil*[9] o TIADH entendeu que o Estado tem obrigação de regular e supervisionar todas as instalações de cui-

---

[7] Fadeyeva v. Russia, 2005.

[8] Yakye Axa Indigenenous Community v. Paraguay (2005); Sawhoyamaxa Indigenenous Community v. Paraguay (2006).

[9] Sentença de 4 de Julho de 2006; Serie C No. 149.

dados de saúde, devendo existir sistemas de inspeção capazes de assegurar a sua qualidade. Igualmente importante é o Estado garantir a existência de mecanismos judiciais, disciplinares, sancionatórios e de responsabilidade civil e criminal para garantir o respeito pelos direitos humanos. Este dever de supervisão, regulação, repressão e punição reveste-se do maior relevo para o domínio da garantia da qualidade dos medicamentos de que cura este estudo. Ele aponta para adoção de mecanismos rigorosos de controlo de qualidade, segurança e eficácia antes e depois da autorização de comercialização. A violação das obrigações positivas que impendem sobre os Estados conduz à sua responsabilidade internacional.

Para o TIADH não é necessário que a situação de ameaça à saúde pública seja do conhecimento das autoridades estaduais. Basta que as autoridades tenham conhecimento de que determinada situação constitui um risco para a vida e a saúde e não tomem as medidas positivas que estejam ao seu alcance. Para o TIADH a autoridade para a tomada dessas medidas não tem que procurar um fundamento no direito interno, antes resultando diretamente do direito internacional. Também o dever de o Estado tomar todas as medidas ao seu alcance para prevenir a ocorrência, ordenar a cessação e impedir a repetição de ameaças à saúde pública se reveste da maior saliência sempre que esteja em causa a garantia da qualidade, segurança e eficácia dos medicamentos.

2.2.3.3 *Os Estados*

Por força do direito internacional, os Estados estão subordinados a determinados deveres positivos para a garantia do direito à saúde. Para o sucesso do direito à saúde, enquanto pretensão jurídica-subjetiva, importa avançar na concretização e especificação destes deveres. Tanto o Comentário Geral 14 como a jurisprudência internacional dos direitos humanos têm dado um importante contributo nesse sentido. Com efeito, estes deveres têm sido especificados pelos pronunciamentos das organizações internacionais e pelas decisões dos tribunais internacionais de direitos humanos. A doutrina distingue, neste contexto, entre deveres negativos e deveres positivos dos poderes públicos. Esta distinção pode ser aceite, do ponto de vista teórico, ainda que tendencialmente. É que o direito à saúde implica em igual medida uns e outros e implica-os na íntima relação que estabelecem entre si. O importante é que o seu conteúdo seja cada vez mais formulado em termos que permitam um controlo jurídico e político mais exigente da sua realização.

O direito à saúde implica a subordinação do Estado a deveres de natureza negativa. Aqui se incluem *deveres de respeito, abstenção e não agressão*, do maior relevo em contextos em que a amplitude da atuação estadual aumenta a possibilidade de agressão do direito à saúde por parte do Estado. Eles configuram limitações à atuação estadual, impostas pelo direito à saúde. O Comentário Geral 14 refere expressamente a existência destes deveres de natureza negativa.

Intimamente relacionado com o dever negativo de respeito pelo direito à saúde está o *dever de proteção* que incumbe ao Estado. Ele tutela os particulares diante das agressões ao seu direito à saúde, resultantes da ação de terceiros. Para além disso, o direito à saúde consiste ainda em *deveres positivos de garantia*, incluindo os deveres de facilitar o acesso aos cuidados de saúde, de providenciar os meios necessários para esse efeito e promover a realização articulada do direito à saúde. O Comentário Geral 14 refere expressamente a existência de alguns *deveres nucleares* ou centrais (*core obligations*), que incluem o acesso a um mínimo de alimento essencial, seguro e adequado, abrigo, saneamento e água potável, medicamentos essenciais e uma distribuição equitativa de instalações, bens e serviços. Do mesmo modo, refere-se expressamente o dever de implementação de um plano nacional de ação. A par destes deveres centrais referem-se alguns deveres secundários, não essenciais, embora alguns deles sejam equiparados aos deveres centrais. Exemplos desses deveres secundários são a prevenção da poluição, a abstenção de ensaios nucleares e a vigilância quanto aos perigos da privatização do setor da saúde.

3
Inovação nos medicamentos farmacêuticos

3.1 Desenvolvimento económico e conhecimento

O desenvolvimento económico e social dos Estados passa, cada vez mais, pela sua capacidade de atrair investimento direto estrangeiro. E este tende a concentrar-se, em maior medida, nas dimensões imateriais e intangíveis da economia, como sejam a informação e o capital intelectual. No futuro próximo, o investimento em propriedade intelectual terá provavelmente maior dimensão do que o investimento na propriedade material. A investigação e o desenvolvimento, e a resultante capacidade de criar informação inovadora, constituem uma importante vantagem comparativa dos Estados e das empresas.

Daí que a criação de estruturas de incentivos favoráveis à produção de informação e à acumulação de conhecimento constitua um dos desafios mais importantes que as economias contemporâneas têm que enfrentar. Assim é, especialmente, no caso dos Estados menos desenvolvidos. Disso depende, em boa medida, o desenvolvimento humano, social e económico dos povos, incluindo a sua capacidade, não apenas de gerar novos medicamentos, mas também de ter acesso a eles. É contra este pano de fundo que deve ser tematizada a problemática da proteção da propriedade intelectual das empresas farmacêuticas (SANDERS, 2007, p. 894). Trata-se aqui de uma indústria dependente de investigação intensiva, carecida de uma disciplina jurídica adequada a essa sua natureza. Essa característica essencial da indústria farmacêutica não pode ser descurada, nem pelo direito internacional, nem pelos

24 | DIREITO À SAÚDE E QUALIDADE DOS MEDICAMENTOS

direitos nacionais. A promoção dos direitos humanos e de um sistema estável de proteção da propriedade afiguram-se meios incontornáveis para atrair o investimento direto estrangeiro (LAW, 2008, p. 1302 ss). Os direitos humanos e a proteção dos direitos de propriedade favorecem a globalização, aumentando a segurança e a confiança dos investidores. Ambos são uma arma essencial dos Estados na competição internacional por investimento direto estrangeiro.

3.2 Investigação e desenvolvimento nos medicamentos

Os medicamentos farmacêuticos constituem um poderoso instrumento da medicina convencional. Eles salvam vidas, aliviam o sofrimento, aumentam a longevidade e melhoram a qualidade de vida de quantos a eles têm acesso. Isso só é possível graças à atividade de investigação e desenvolvimento na criação de novos medicamentos. Alguma dessa investigação é desenvolvida por laboratórios públicos ou por universidades. No entanto, uma parte substancial da investigação e desenvolvimento é levada a cabo pela indústria farmacêutica. As empresas deste setor de atividade gastam cerca de 15% das suas receitas em investigação e desenvolvimento (CHUNG, 13, 2006, p. 179). Por este motivo, a indústria farmacêutica desempenha um papel crucial na promoção do direito à saúde à escala global. Naturalmente que os benefícios da investigação hoje realizada só serão colhidos a médio e longo prazo, tal como hoje se pode usufruir da investigação realizada nas últimas décadas. Este aspeto não pode ser desprezado na disciplina jurídica do medicamento, em que é necessário tutelar simultaneamente objetivos de curto, médio e longo prazo.

A realização do direito à saúde de forma sustentada exige a garantia dos pressupostos económicos do investimento na investigação e desenvolvimento e na inovação de medicamentos. Sem a criação de novos medicamentos não é possível fazer face, quer às doenças atualmente conhecidas, quer às novas doenças, cuja emergência e proliferação se devem à alteração significativa das condições climáticas, ambientais e produtivas nas sociedades contemporâneas. Não havendo medicamentos não é possível, sequer, falar no direito de acesso aos mesmos pelos cidadãos dos Estados desenvolvidos e em desenvolvimento (CHUNG, 13, 2006, p. 179). Pelo que o problema da viabilidade e sustentabilidade económica das empresas farmacêuticas, na medida em que se traduz num pressuposto fundamental para a continuidade do investimento e da inovação no domínio do medicamento, constitui uma questão de relevo constitucional e jurídico-internacional, no quadro dogmático do direito fundamental à saúde. Casos há em que a realização dos direitos fundamentais, do maior relevo para a sociedade, necessita de entidades privadas dotadas de capacidade económica para fazerem os investimentos necessários à sua concretização. O direito à saúde é disso um claro exemplo. Embora ao Estado caiba uma parte importante e indeclinável do investimento na proteção e promoção da saúde pública, também é necessário que outras entidades privadas possam existir com viabilidade económica para desenvolver projetos complementares de garantia do direito à saúde.

Não se pense que esta argumentação é pensada especialmente para servir os interesses desta indústria. Situação semelhante acontece, por exemplo, com a liberdade de expressão, essencial à garantia dos direitos humanos e do Estado de direito democrático e social. Também aí a criação de uma esfera de discurso público aberta e pluralista exige, do legislador e demais operadores jurídicos, uma preocupação, constitucionalmente relevante, com a garantia da viabilidade económica dos operadores de radiodifusão privada, na medida em que deles depende, largamente, o pluralismo de expressão e informação e a livre discussão de ideias, condição essencial para a garantia da democracia (FRANCOIS, 1994, p. 451ss)[10]. No direito da comunicação social (i.e. da *midia*), a garantia de *concorrência económica* entre empresas de televisão, rádio, imprensa ou internet, nos mercados dos anunciantes, leito-

---

[10] Aí, William Francois afirma que "[r]evenue from advertising is the lifeblood of American newspapers (providing about 75 percent of the revenue for the average daily newspaper)".

res, ouvintes, telespetadores, subscritores, etc., assume um relevo instrumental na promoção da *concorrência publicística*, possibilitando o confronto dialógico e dinâmico entre várias ideologias, perspetivas e opiniões. A realização do direito à liberdade de expressão é indissociável dos pressupostos económicos da atividade das empresas da *midia* e da garantia das condições técnicas, administrativas, financeiras, editoriais e programáticas que tornem possível a sua viabilidade como atores sociais relevantes (MACHADO, 2002, p. 871 ss).

Como sucede relativamente à indústria farmacêutica no âmbito do direito à saúde, também a proteção da viabilidade económica dos operadores de comunicação social no âmbito das liberdades de expressão e informação se torna um bem jurídico constitucionalmente relevante, indissociável dos próprios direitos em presença. Isso tem importantes implicações em domínios nucleares da regulação da comunicação social, como sejam a titularidade dos meios de comunicação social, a publicidade comercial, a liberdade de programação, os direitos exclusivos de radiodifusão, os direitos de acesso à comunicação social, o licenciamento dos operadores, as concentrações, etc. Não faltam, neste domínio, exemplos de direitos exclusivos temporários, como sucede quando um operador de televisão obtém uma licença de exploração de uma frequência hertziana do domínio público por 15 anos, para poder fazer avultados investimentos em equipamentos e conteúdos, e poder obter a respetiva remuneração (MACHADO, 2002, p. 959).

A existência de operadores de comunicação social economicamente fortes e independentes é considerada essencial, desde logo, para viabilizar a inovação, nos planos tecnológico e editorial, com reflexos na quantidade, qualidade e diversidade dos conteúdos e formatos (BEATER, 2007, p. 299 ss). Pode falar-se, com inteira propriedade, num *interesse público na existência de uma midia com capacidade de prestação* (BEATER, 2007, p. 306)[11]. Do ponto de vista da separação de poderes,

---

[11] Os termos exatos, na doutrina alemã, são: *"Interesse der Allgemeinheit am Bestand eines leistungfähigen Presswesens".*

essa solidez económica e capacidade de prestação é indispensável para tornar os meios de comunicação social suficientemente poderosos para poderem desafiar, sem qualquer receio, os outros poderes sociais, de natureza política, económica, cultural, religiosa, etc. A revelação do escândalo *Watergate*, nos Estados Unidos, muito ficou a dever ao fato de que o jornal *Washington Post* era suficientemente forte e independente, do ponto de vista publicístico e económico, para poder afrontar os poderes estabelecidos da época (BEATER, 2007, p. 301 ss).

O exemplo da comunicação social é bem demonstrativo de que existem, no domínio dos direitos fundamentais, situações em que a realização das finalidades constitucionais e jurídico-internacionais exige uma especial atenção à viabilidade económica dos atores sociais mais relevantes na dinamização do direito em causa. Quando se diz que a promoção e proteção do direito à saúde não pode ser indiferente à estrutura económica e financeira de incentivos à inovação e à qualidade dos medicamentos não se está a fazer qualquer desvio àquilo que desde há muito integra o "estado da técnica" no domínio dos direitos fundamentais. Assim como a liberdade de expressão e de comunicação social não pode abstrair da realidade económica dos operadores de comunicação social (a *mídia*), também o direito à saúde não pode alhear-se das circunstâncias económicas em que se realiza a investigação, o desenvolvimento, a inovação e os ensaios clínicos dos medicamentos. Por esta razão, a promoção da acessibilidade dos medicamentos genéricos tem que manter intacta a estrutura de incentivos para a inovação e a garantia da qualidade, segurança e eficácia dos medicamentos de referência.

3.3 Inovação e medicamentos de referência

A indústria farmacêutica integra as empresas produtoras de medicamentos de referência e as empresas produtoras de genéricos (JUNOD, 2004, p. 479). As primeiras dedicam-se à investigação e ao desenvolvimento de medicamentos inovadores, desenvolvendo um trabalho

28 | DIREITO À SAÚDE E QUALIDADE DOS MEDICAMENTOS

pioneiro. Só nos Estados Unidos, a indústria farmacêutica despendeu, em 2005, cerca de 51,3 mil milhões de dólares em investigação e desenvolvimento. Estima-se que por cada medicamento autorizado pela *Food and Drugs Administration* (FDA) sejam necessários cerca de 10 a 15 anos de investigação, um custo entre 800 milhões de dólares e 1,2 mil milhões de dólares, e o teste de entre 5000 a 10 000 compostos químicos[12]. As taxas de insucesso são bastante elevadas. Em muitos casos, um medicamento potencial só é abandonado depois de ter sido sujeito a anos de investigação e ensaios clínicos.

Apenas uma pequena percentagem de medicamentos potenciais é que recebe autorização para ser testada em seres humanos e destes apenas uma pequena parte acaba por ser autorizada (WHEATON, 1986, p. 449). Os custos, tanto da investigação, como dos ensaios clínicos, mesmo de medicamentos que nunca chegam a ver a luz do dia, acabam por ser repercutidos nos preços dos medicamentos conseguem obter autorização. O mesmo sucede com os custos de publicitação do produto junto das classes médica e farmacêutica e do público em geral. Não poderia ser de outro modo. Essa é uma realidade inerente ao preço (não administrativo) de um qualquer produto.

Estas razões tornam essencial proteger o investimento e os ensaios clínicos de forma a permitir a entrada no mercado de medicamentos inovadores e com padrões elevados de qualidade. O desenvolvimento e o ensaio de medicamentos só serão economicamente viáveis se o ordenamento jurídico proteger adequadamente as *expectativas apoiadas em investimentos* (*investment-backed expectations*) (FELDMAN, 2009, p. 140), de uma forma que compensa plenamente os elevados riscos inerentes a essas atividades. A proteção patentária e outras formas de direitos exclusivos de propriedade intelectual constituem mecanismos indispensáveis para a proteção de empresas farmacêuticas que desenvolvem medicamentos pioneiros.

---

[12] Veja-se, PHARMACEUTICAL RESEARCH AND MANUFACTURERS OF AMERICA, PHARMACEUTICAL INDUSTRY PROFILE 2006 2 (March 2006) http://www.ph rma.org/files/Profile2006.pdf.

A indústria farmacêutica, na medida em que leva a cabo uma parte substancial da investigação e desenvolvimento que possibilita a inovação no domínio dos medicamentos, tem um interesse constitucionalmente relevante na proteção da sua base económica, especialmente aí onde esteja em causa a recuperação dos investimentos realizados e a necessidade de manter a capacidade de reinvestimento em ulterior investigação e desenvolvimento, em ordem a criar novos medicamentos e aperfeiçoar os medicamentos existentes ou testar novas indicações para os mesmos. Trata-se de um interesse objetivo inerente à realização do direito à saúde, na medida em que este depende, a prazo, da investigação e desenvolvimento de medicamentos inovadores.

A generalidade da população é servida pela existência de uma indústria farmacêutica com capacidade de prestação, em matéria de inovação e qualidade. Assim é, na medida em que os custos certos associados à investigação e ao desenvolvimento de medicamentos inovadores, a par dos resultados incertos da inovação e do ensaio dos medicamentos, tornam a decisão de investir no desenvolvimento de novos medicamentos particularmente arriscada. Para isso contribui decisivamente o fato de os custos terem vindo a aumentar exponencialmente nas últimas décadas e de os mesmos serem suportados muito antes de o medicamento ficar pronto e de obter a necessária autorização sanitária para a sua introdução no mercado. O risco dessa decisão de investimento na inovação será tanto maior, quanto menor for a disponibilidade da ordem jurídica para incentivar e proteger os investimentos realizados.

Igualmente importante, neste plano, é a proteção do nome da empresa produtora e da marca do medicamento, através da qual se pretende diferenciar o produto de outros equivalentes e consolidar no mercado uma identidade e uma reputação garantidoras da qualidade dos seus produtos. Esta garantia de qualidade assume especial importância, não apenas junto da população em geral, que tem um interesse vital no consumo de medicamentos de qualidade, seguros e eficazes, mas também junto da classe médica, na medida em que lhe transmite uma maior segurança no ato de prescrição, relevante, desde logo, em sede de responsabilidade civil por negligência médica. A promoção do nome da empresa e da marca do medicamento, nomeadamente através do discurso publicitário comercial, constitui um elemento fundamental na criação de uma relação de confiança com os utentes dos produtos e de criação de uma legítima relação de lealdade (SCHWARTZ, 2008, p. 1 ss).

É evidente que o gozo de um monopólio temporário ajuda a sedimentar a relação de confiança com o público. O fato de daí poder resultar um efeito restritivo da capacidade de alargamento da quota de mercado dos medicamentos genéricos em nada afeta a legitimidade da atividade promocional dos medicamentos de referência. Se estes medicamentos forem de qualidade reconhecida, isso poderá inclusivamente facilitar a introdução no mercado do respetivo genérico. A reputação de confiança e credibilidade do nome da empresa e da marca do produto de referência pode ter igualmente importância para os próprios farmacêuticos, que nalguns casos se abstêm de substituir o medicamento de referência, constante da receita médica, por um medicamento genérico, para acautelarem a sua responsabilidade civil extracontratual (WHEATON, 1986, p. 447 e 467 ss).

A proteção da capacidade económica da indústria farmacêutica é um bem jurídico indissociável do próprio direito à saúde. Nele se inscreve a proteção da propriedade intelectual das empresas farmacêuticas, em todas as suas dimensões de garantia da qualidade e de proteção dos investimentos realizados. Essa proteção pode ser levada a cabo de forma razoável e equilibrada, sem pôr em causa o interesse do público e dos poderes públicos na maior acessibilidade dos medicamentos. Do ponto de vista do direito à saúde, não faz sentido deixar sem a devida proteção a base económica das empresas que mais se dedicam à inovação e à elevação da qualidade dos medicamentos. A procura de soluções razoáveis que facilitem a entrada de medicamentos genéricos no mercado sem neutralizar a capacidade das empresas de referência de investirem na inovação e na qualidade, tem o mérito de subordinar a política dos medicamentos aos parâmetros do Estado de direito e dos direitos fundamentais, reduzindo substancial-

3.4 Medicamentos genéricos e acessibilidade

mente a tentação, por parte das empresas do setor farmacêutico inovador, de recorrerem a práticas agressivas e mesmo ilegais com o fim proteger a sustentabilidade financeira da sua atividade (GREENE, 2005, p. 312).

3.4 Medicamentos genéricos e acessibilidade

O elevado custo da investigação, com repercussões no preço dos medicamentos de referência, cria um interesse económico muito forte na produção de medicamentos de baixo preço. Uma vez caducada a proteção patentária, abre-se a possibilidade de introduzir medicamentos genéricos no mercado, reduzindo a margem de lucro das empresas de medicamentos de referência. Esta possibilidade tem criado um forte incentivo ao investimento em empresas de medicamentos genéricos. Estes medicamentos são normalmente definidos como medicamentos com a mesma composição qualitativa e quantitativa em substâncias ativas, a mesma forma farmacêutica que o medicamento de referência e cuja bioequivalência com este último tenha sido demonstrada por estudos adequados de biodisponibilidade.

A bioequivalência consiste na presença de idênticas quantidades do mesmo princípio ativo, ao passo que a biodisponibilidade diz respeito à verificação da mesma taxa e alcance de absorção. As diferentes formas farmacêuticas orais de libertação imediata são consideradas como uma mesma forma farmacêutica[13]. É assim que as empre-

---

[13] Esta definição corresponde à acolhida, na União Europeia, pela Diretiva n.º 2004/27 CE. Aí se esclarece, ainda, que "[o]s diferentes sais, ésteres, éteres, isómeros, misturas de isómeros, complexos ou derivados de uma substância ativa são considerados uma mesma substância ativa, a menos que difiram significativamente em propriedades relacionadas com segurança e/ou eficácia, caso em que o requerente deve fornecer dados suplementares destinados a fornecer provas da segurança e/ou da eficácia dos vários sais, ésteres ou derivados de uma substância ativa autorizada."

32 | DIREITO À SAÚDE E QUALIDADE DOS MEDICAMENTOS

sas de medicamentos genéricos copiam os medicamentos de referência e vendem medicamentos equivalentes a preços reduzidos. Por este motivo, os medicamentos genéricos constituem uma importante mais--valia no que diz respeito à garantia do direito à saúde pública, na medida em que são mais acessíveis às populações e menos onerosos para os contribuintes.

Isso é resultado, essencialmente, do fato de as empresas de medicamentos genéricos não terem que suportar elevados custos de investigação e desenvolvimento, na medida em que eles foram já suportados pelas empresas de medicamentos de referência (ROIN, 2009, p. 511 ss). Em muitos ordenamentos jurídicos as empresas de medicamentos genéricos são dispensadas da realização de ensaios com o mesmo alcance e escopo dos já realizados pelas empresas inovadoras. Isso resulta numa substancial redução de custos. As empresas de medicamentos genéricos praticam preços mais reduzidos, não porque sejam empresas socialmente mais responsáveis ou mais preocupadas com os direitos humanos em geral e com o direito à saúde das populações em particular, mas apenas porque os seus preços refletem os baixos custos incorridos na replicação de medicamentos que outros desenvolveram e testaram.

Além disso, os medicamentos genéricos são mais baratos também porque refletem, nalguma medida, a menor reputação de algumas das empresas que os produzem junto do público, permitindo a estas beneficiar do investimento feito pela empresa de referência na consolidação da reputação do medicamento original agora copiado. Não está, ainda, excluída a possibilidade de o preço dos medicamentos genéricos refletir a sua menor qualidade, medida por comparação com o medicamento de referência. Apesar de tudo quanto possa ser dito em abono da qualidade dos medicamentos genéricos, o que é certo é que os mesmos são feitos sem atender a muita da informação relevante constante do pacote de dados de ensaios.

A política e a disciplina jurídica do medicamento têm que ter em conta uma ponderação de interesses de curto, médio e longo prazo. Se é certo que a introdução de medicamentos genéricos no mercado pode ter um efeito positivo a curto prazo, já a investigação e o desenvolvimento para a criação de novos medicamentos tende a projetar os seus efeitos a médio e longo prazo. Esta dissonância temporal tende a ser explorada por diferentes grupos de interesses, com agendas temporais bastante distintas. Por este motivo, o direito deve procurar equilibrar, de forma realista, os direitos e interesses envolvidos de forma temporalmente sustentável. O livre acesso ao mercado por parte das empresas de medicamentos genéricos, à margem de quaisquer constrições impostas pelos direitos de propriedade intelectual e pela proteção da informação recolhida ao longo dos testes pré-clínicos e clínicos, exigidos pelas autoridades sanitárias, pode ser muito sedutor, do ponto de vista da satisfação das necessidades imediatas dos consumidores e do erário público, mas não resolve o problema da continuidade do investimento e da inovação no medicamento (JACKSON, 2008, p. 1029 ss).

A existência uma poderosa indústria de medicamentos genéricos é uma realidade incontornável. A previsão de prazos limitados de proteção da propriedade intelectual das empresas de medicamentos de referência criou condições favoráveis à sua consolidação. Os medicamentos genéricos estão aí para ficar. Em muitos casos, eles podem revestir grande qualidade, sendo produzidos num contexto plenamente respeitador dos direitos de propriedade intelectual e de outros direitos exclusivos. Quando assim é, medicamentos de referência e genéricos podem estabelecer, entre si, uma importante relação de complementaridade na proteção do direito à saúde. Por esse motivo, também se afigura improcedente conceder prazos de proteção patentária, prorrogações de patentes e direitos exclusivos com prazos manifestamente irrazoáveis e desproporcionais. Isso poderia constituir um significativo desincentivo à produção de medicamentos genéricos, também com consequências negativas para a saúde pública (WHEATON, 1986, p. 470 ss).

Todavia, uma coisa é combater a desproporção da proteção dos direitos exclusivos de propriedade intelectual no domínio farmacêutico. Outra, totalmente diferente, é desconsiderar pura e simplesmente o interesse constitucional e social na preservação de uma estrutura de incentivos financeiros favorável ao investimento em inovação, qualidade, segurança e eficácia dos medicamentos. O direito à saúde não pode ser usado para justificar a penalização daqueles que mais investem na inovação e na qualidade, para beneficiar aqueles que menos investem nesses domínios. Uma vez conseguido um equilíbrio razoável, existe certamente um papel de relevo a ser desempenhado por empresas de medicamentos de referência e de genéricos, protagonistas essenciais na realização do direito à saúde.

Existem áreas em que a indústria de genéricos entra em conflito, pelas vias judiciais, com a indústria de medicamentos de referência. No entanto, trata-se aí de conflitos residuais, que pouco têm que ver com uma atitude de violação sistemática dos direitos de propriedade intelectual, visando apenas com o esclarecimento da sua existência, validade, âmbito e infração. Um dos principais objetivos do legislador ordinário nesta seara deve ser definir, de forma razoável, justa, clara, precisa e determinada, os direitos e deveres das empresas de medicamentos de referência e de genéricos, de modo a evitar a litigância judicial, que sempre constitui causa para um ulterior agravamento do preço dos medicamentos (WHARTON, 2003, p. 1028 ss).

3.5 Medicamentos copiados

A par dos medicamentos de referência, de genéricos e similares, proliferam, um pouco por toda a parte, medicamentos copiados e contrafeitos (LIANG, 2006, p. 279 ss). Os medicamentos genéricos e os medicamentos copiados, por não envolverem custos de investigação tão elevados como os medicamentos de referência, podem ser vendidos a um preço inferior a estes. Porém, a diferença de preço nem sempre é tão grande como se poderia esperar, na medida em que por vezes se entende que um preço demasiado baixo poderia colocar sob suspeição, junto dos consumidores, a qualidade do produto. Os custos elevados dos medicamentos de referência e mesmo de alguns genéricos criam um mercado propício à contrafação. A OMS já alertou para o fato de que uma parte significativa de medicamentos que circulam à escala planetária resulta da contrafação[14]. Os riscos para a saúde pública global são preocupantes.

Muitos pacientes, de muitos países, numa situação de desespero, recorrem a cópias de qualidade duvidosa, preferindo correr o risco (mal calculado) de ter alguma hipótese de cura, ainda que por um preço baixo, à alternativa de ficarem sem qualquer medicamento. Mesmo nos Estados Unidos esse é um problema que tem vindo a agudizar-se. A violação dos direitos de propriedade intelectual em vários Estados do mundo, associada à política de controlo de preços em muitos Estados europeus, leva as empresas norte-americanas a aumentarem os preços dos medicamentos nos Estados Unidos. Os mais afetados são, compreensivelmente, aqueles que não dispõem de cobertura por um seguro de saúde. A opção diante deles é: ou financiam os custos dos medicamentos adquiridos por outros noutras partes do mundo, repercutidos no preço dos seus próprios medicamentos, ou tentam a sua sorte no mercado cinzento, das importações paralelas, lícitas e ilícitas, ou no mercado negro. Ambos, em muitos casos dominados pela pirataria e a falsificação e pelo transporte e armazenamento sem a observância das mais elementares normas de segurança.

Frequentemente recorre-se à compra na internet ou à importação de medicamentos a partir de Estados que não sujeitem a produção de princípios ativos ou de medicamentos a exigências rigorosas de qualidade (LIANG, 2008, p. 325). Para as empresas envolvidas na produção de medicamentos de baixa qualidade, os custos são negligenciáveis. Em muitos casos é possível fazer cópias de medicamentos de referência recorrendo a mão de obra não qualificada, sem *Know-how*, sem qualquer atenção às condições de produção, em Estados (v.g. China, Equador, Índia, México, Rússia, Turquia) com poucos ou

---

[14] World Health Organization, Fact Sheet No. 275: Substandard and Counterfeit Medicines (Nov. 2003), http://www.who.int/mediacentre/factsheets/2003/fs275/en.

36 | DIREITO À SAÚDE E QUALIDADE DOS MEDICAMENTOS

nenhuns mecanismos de controlo e sanção. Por sua parte, os lucros marginais a obter com a operação são elevadíssimos.

Mesmo em alguns Estados considerados seguros, como os Estados Unidos e o Canadá, recorre-se com frequência crescente à importação de produtos em Estados com menores garantias e à sua posterior venda em zonas francas ou pela Internet. As autoridades estaduais não dispõem dos meios humanos e materiais necessários à deteção da entrada desses medicamentos no seu território (LIANG, 2006, p. 282). Os consumidores, esses, não fazem frequentemente a mais pequena ideia dos riscos realmente envolvidos. Estes desenvolvimentos são especialmente problemáticos, considerando que a promoção do acesso aos medicamentos apenas tem sentido, do ponto de vista da promoção do direito à saúde, quando se trate de medicamentos autênticos, de qualidade devidamente comprovada (LIANG, 2008, p. 302).

3.6 Proteção patentária e proteção de dados

É do interesse dos Estados a criação de um sistema estável e credível de proteção dos direitos de propriedade, incluindo a propriedade intelectual, de forma a aumentar a confiança dos investidores. A proteção patentária é essencial à recuperação dos investimentos realizados pela indústria farmacêutica para o desenvolvimento de medicamentos inovadores. Para as empresas que se dedicam à investigação, geradora de informação e conhecimento, a proteção dos direitos de propriedade intelectual vem assumindo um papel cada vez mais importante (WHEATON, 1986, p. 437).

O ideal seria que existisse toda uma estrutura de incentivos à investigação e ao desenvolvimento, para além dos direitos exclusivos patentários ou da proteção de dados de ensaios. Pense-se, entre outras coisas, em incentivos fiscais, subvenções, bolsas de estudo e investigação, financiamento das universidades, etc. (CHUNG, 13, 2006, p. 181). Igualmente possível seria o pagamento direto aos inventores, por parte do Estado, de uma remuneração pelo seu investimento e esforço inventivo (CARVALHO, 2005, p. 1). Sucede, todavia, que muitos Estados se debatem hoje com apertadas restrições orçamentais e com uma enorme dificuldade em reduzir a respetiva base tributária. Daí que seja indispensável a criação de uma estrutura de incentivos que dê aos inventores o direito exclusivo de exploração comercial do seu invento ou de cessão onerosa desse direito a terceiro (CARVALHO, 2005, p. 1).

O monopólio temporário concedido durante o prazo de vigência das patentes afigura-se da maior importância, na medida em que permite a prática de preços supra-competitivos, que possibilitam a recuperação do investimento realizado no desenvolvimento, na produção e comercialização do produto. Este aspeto é tanto mais relevante quanto é certo que apenas 20% dos medicamentos geram 70% das receitas[15], cabendo ao núcleo restrito dos medicamentos mais bem sucedidos financiar a continuação da investigação e desenvolvimento de novos produtos em todos os domínios (LIANG, 2008, p. 322). Acresce que a duração do procedimento de autorização de introdução dos medicamentos no mercado por parte das autoridades sanitárias tem como consequência a redução substancial da *vida efetiva da patente.* Por este motivo, a proteção da propriedade intelectual, incluindo a adoção de medidas de restauração da vida efetiva da patente, e par proteção da informação contida no *Data Package,* constituem ainda, e talvez mais do que nunca, peças fundamentais na estrutura de incentivos à inovação farmacológica. Sem elas corre-se o risco sério de interromper o progresso farmacêutico e de neutralizar a capacidade de inovar (FELDMAN, 2009, p. 140). Os danos que isso causaria à saúde pública são evidentes.

---

[15] PHARM. RES. & MFRS. OF AM., WHAT GOES INTO THE COST OF PRESCRIPTION DRUGS? 3 (2005), http://www.phrma.org/files/Cost_of_Prescription_Drugs.pdf.

4

A introdução
do medicamento no mercado

4.1 O dever de garantia da qualidade dos medicamentos

O consumo de medicamentos de baixa qualidade pode ter graves consequências para a saúde individual e pública. As autoridades sanitárias têm um dever de garantia da qualidade dos medicamentos. A proteção da saúde pública requer que as mesmas impeçam a entrada no mercado, ou procedam à remoção do mesmo, de medicamentos inseguros e ineficazes (LIANG, 2008). A autorização da respetiva introdução de comercialização, à semelhança do que sucede no caso de produtos químicos e agrícolas, depende da verificação de determinados requisitos de qualidade, segurança e eficácia. Essa verificação não é feita diretamente pelas autoridades públicas em laboratórios do Estado. Diferentemente, ela constitui uma obrigação imposta pelas autoridades aos produtores de medicamentos (SKILINGTON, 2003, p. 6). Em todo o caso, o Estado tem importantes deveres de regulação e supervisão, cuja violação pode constituí-lo em responsabilidade civil extracontratual, nacional e internacional, por violação do direito à saúde.

O controlo da qualidade, segurança e eficácia dos medicamentos compete essencialmente às entidades administrativas sanitárias, sobre as quais impende o dever de examinar exaustivamente a informação que lhes é submetida pelas empresas que solicitam a autorização de introdução do medicamento no mercado. Apesar de às mesmas assistir uma *jurisdição primária* na matéria, por razões de adequação institucional e funcional, as suas decisões obedecem a parâmetros orgânicos, procedimentais, formais e materiais de legalidade e juridicidade, que possibilitam um controlo jurisdicional. Estes parâmetros são inerentes ao princípio da legalidade da administração, com as suas exigências de precedência e prevalência da lei. Aos tribunais cabe ainda rever a congruência entre a base fatual *sub judice* e as decisões administrativas proferidas a partir dela, a partir de princípios de razoabilidade, proporcionalidade, igualdade e interesse público, bem como proceder ao controlo do *desvio de poder* e da *improbidade administrativa.*

Uma política permissiva relativamente a medicamentos similares e contrafeitos por razões unicamente relacionadas com o seu baixo preço e a promoção da sua acessibilidade pode revelar-se desastrosa para a saúde pública, colocando numa posição especial de risco e vulnerabilidade aqueles pacientes com menos capacidade para pagar (LIANG, 2008). Alguns Estados, como os da União Europeia, os Estados Unidos e o Japão, são especialmente exigentes na demonstração da qualidade, segurança e eficácia dos medicamentos por parte das empresas farmacêuticas. Os mesmos estão na base da *International Conference on Harmonisation of Technical Requirements for Registration of Pharmaceuticals for Human* Use (ICH), um projeto que desde 1991 reúne as respetivas autoridades sanitárias e especialistas da indústria farmacêutica para discutir e melhorar os aspetos científicos, técnicos, burocráticos e económicos do registo dos medicamentos (PURNHAGEN, 2008, p. 632 ss). Por esta via, Estados Unidos, Europa e Japão pretendem harmonizar e universalizar padrões elevados de registo dos medicamentos. Outros Estados, porém, como tem sido o caso da China, Índia, Argentina, etc. têm-se mostrado muito menos exigentes nessa matéria (SKILINGTON, 2003, p. 6). Mas mesmo quando os Estados menos desenvolvidos procuram elevar o seu nível de exigência, eles debatem-se frequentemente com dificuldades práticas no processamento e controlo dos pedidos de autorização que lhes são submetidos.

A diferença entre níveis de exigência e vigilância sanitária entre os vários Estados tem como consequência que, nos Estados mais desenvolvidos, o processo de autorização do medicamento do mercado tem lugar, na generalidade dos casos, mesmo que o medicamento já tenha sido autorizado noutro Estado. Os Estados desenvolvidos não confiam nos sistemas de autorização de muitos Estados menos desenvolvidos. Por seu turno, estes procuram, não raramente, basear-se nas autorizações concedidas em Estados desenvolvidos, dotados de sistemas de controlo dignos de confiança. Tem sido observado que o registo dos medicamentos, tanto a nível nacional como internacional, é uma operação extremamente complexa, rodeada de problemas, duplicações, ineficiências e, por vezes, risco de corrupção (BAKER, 2008, p. 309 ss).

4.2 Qualidade, segurança e eficácia

As entidades reguladoras tendem a usar três parâmetros fundamentais para a avaliação dos medicamentos antes da autorização da sua introdução no mercado: a qualidade, a segurança e a eficácia. Esta exigência supõe, as mais das vezes, a satisfação de um apertado conjunto de parâmetros, exigência que requer a produção de um conjunto abundante de informação. Para além da demonstração da qualidade, segurança e eficácia, o fabricante do medicamento têm ainda que atestar o respeito por algumas *boas práticas de manufatura* (*Good Manufacturing Practices*), relacionadas com a qualidade e salubridade das instalações em que os medicamentos foram fabricados. Também isso envolve a produção de informação adicional (BAKER, 2008, p. 309).

Em causa está a demonstração de que o medicamento autorizando produz mais efeitos primários benéficos do que efeitos secundários negativos. Quando o princípio ativo já tenha sido aprovado para um medicamento semelhante, o grau de exigência na demonstração da qualidade, segurança e eficácia tende a diminuir em muitos Estados (SKILINGTON, 2003, p. 6). Dos três critérios apontados, a segurança é por muitos considerado o parâmetro preponderante. Assim é, porque

42 | DIREITO À SAÚDE E QUALIDADE DOS MEDICAMENTOS

a toxicidade excessiva de um dado medicamento pode resultar em danos imediatos para os pacientes. Além disso, a eficácia de um medicamento pode variar substancialmente de paciente para paciente. Acresce que o papel que um medicamento pode vir a desempenhar num caso concreto depende, em boa medida, da interação que se estabelece entre o médico e o paciente (FADEN, 2008, p. 683).

A garantia da qualidade, segurança e eficácia de um medicamento traduz um compromisso (*trade-off*) entre os recursos despendidos para desenvolver e produzir um medicamento e os recursos que podem ser gastos no exame da sua capacidade terapêutica. Presentemente assiste-se a um aumento crescente da preocupação com a qualidade dos medicamentos, dada a proliferação de medicamentos genéricos, similares e contrafeitos, a circular por todo o mundo, frequentemente em canais de distribuição e comercialização pouco fidedignos, propensos a mascarar a verdadeira origem e as reais condições de produção dos produtos. Este é um problema de saúde pública internacional das maiores proporções, haja em vista os poderosos interesses económicos envolvidos. Semelhante estado de coisas tem conduzido a uma maior atenção às instituições, aos procedimentos e às operações de fármaco-vigilância[16], de forma a garantir o respeito por padrões de qualidade, segurança e eficácia tão elevados quanto possível, quer no momento da autorização da comercialização do medicamento, quer depois dele.

O controlo *ex post* dos medicamentos tem vindo a tornar-se cada vez mais prioritário. No entanto, a sua execução prática afigura-se, em muitos casos, uma tarefa dispendiosa e difícil de realizar, haja em vista a quantidade de receitas médicas produzidas e a quantidade de medicamentos que os indivíduos ingerem todos os dias, em muitos

---

[16] Trata-se de um conceito cunhado pela OMS, que o define como "the science and activities relating to the detection, assessment, understanding and prevention of adverse effects or other drug related problems." *WHO Policy Perspectives on Medicines: Pharmacovigilance: Ensuring the Safe Use of Medicines*, WHO (Oct. 2004), *available at*: http://www.who-umc.org/graphics/7128.pdf.

casos sem receita médica. Do mesmo modo, a inexistência de recursos humanos e financeiros para acompanhar a administração de muitos medicamentos ao mesmo tempo em populações muito vastas (v.g. China, União Europeia, Estados Unidos, Rússia, Brasil, Japão), torna bastante precário o sistema de controlo sucessivo da qualidade, segurança e eficácia (FADEN, 2008, p. 684 ss). Se assim é, torna-se então particularmente importante extrair todas as virtualidades do controlo preventivo dos medicamentos, aplicando rigorosamente todas as exigências legais.

4.3 Testes pré-clínicos e clínicos

Uma vez estabelecidas as informações respeitantes aos compostos, como sejam a sua fórmula estrutural e o seu nome químico genérico, a garantia da qualidade, segurança e eficácia dos medicamentos exige a sua sujeição a extensos e intensos ensaios. A fase de testes pré--clínicos envolve a experimentação do princípio ativo em animais, tendo como base as análises biológicas e laboratoriais realizadas. É a partir daqui que se desenvolvem os protocolos que possibilitarão os testes clínicos em seres humanos. O objetivo é atestar a elevada segurança do medicamento, comprovando cientificamente a ausência de riscos significativos. Estes ensaios pré-clínicos são muito dispendiosos, podendo prolongar-se durante muitos anos (SKILINGTON, 2003, p. 7). A passagem às fases de testes dos medicamentos em seres humanos exige uma autorização especial, que só é concedida depois da submissão à autoridade administrativa competente dos resultados dos testes realizados em animais e da descrição dos testes propostos para seres humanos. A empresa farmacêutica não pode realizar testes em seres humanos sem antes obter uma autorização para o efeito (SUKHATME, 2007, p. 1219). Neste oneroso e prolongado processo vai sendo produzida informação de grande valor económico, geradora de importantes vantagens competitivas. No entanto, alguma dessa informação também pode ir-se perdendo, nomeadamente quando é comu-

44 | DIREITO À SAÚDE E QUALIDADE DOS MEDICAMENTOS

nicada a comissões éticas ou entidades administrativas ligadas aos testes em animais e seres humanos. Já por esta altura se torna clara a necessidade de garantir proteção física e económica à informação que vai sendo produzida.

Por sua parte, os testes clínicos desenvolvem-se em três fases. Na primeira fase, recorre-se à participação voluntária de entre 20 a 100 indivíduos saudáveis, normalmente de porte atlético. Esta primeira fase pretende testar a segurança e a dosagem do medicamento. Pretende-se avaliar como é que o corpo humano metaboliza pequenas doses do medicamento e aferir os efeitos secundários daí resultantes. Indaga-se aqui da maior ou menor tolerância dos seres humanos ao medicamento, procurando determinar a maior dose tolerável e a menor dose efetiva. Nesta fase estudam-se vários aspetos, como sejam a relação dose/efeito, a duração do efeito e a deteção dos primeiros efeitos colaterais, tendo como objetivo a determinação do perfil farmacocinético do medicamento e, se possível, do seu perfil farmacodinâmico.

Numa segunda fase, de estudo terapêutico piloto, recorre-se um número limitado, de cerca de 100 a 300 pacientes voluntários, acometidos da doença ou condição patológica objeto da indicação terapêutica pretendida. O objetivo desta fase consiste em verificar a eficácia do medicamento e a ocorrência de efeitos colaterais, para definir as contraindicações. Nela estudam-se os efeitos de curto prazo do medicamento, testando a segurança do princípio ativo. Também se procura estabelecer uma relação dose/resposta, de forma permitir a realização de estudos mais vastos sobre bases razoavelmente seguras.

A terceira fase, submete o medicamento a um conjunto de, preferivelmente, entre 1000 a 10000 pacientes, de forma a avaliar a verificação de reações adversas a longo prazo[17]. No pior cenário, eles devem ao menos incidir sobre 800 pessoas. Nesta fase as empresas farmacêuticas promotoras do medicamento devem fornecer à autoridade competente

---

[17] PHRMA, 1999.

A INTRODUÇÃO DO MEDICAMENTO NO MERCADO | 45

evidências substanciais do sucesso da segunda fase de ensaios clínicos (ENG, 2009, p. 159 ss.). Estes testes revestem-se da maior saliência, pois são essenciais para prevenir a comercialização de medicamentos com efeitos secundários. Geralmente recorre-se a estudos internacionais de larga escala, com diferentes populações de pacientes, com vista a demonstrar a segurança e eficácia numa área mais vasta. Nesta fase procura-se investigar, nomeadamente, os efeitos do produto em doenças de expansão e estabelecer o respetivo perfil terapêutico (v.g. indicações, dose e via de administração, contraindicações, efeitos colaterais, medidas de precaução).

Igualmente importante é a demonstração da vantagem terapêutica do medicamento (v.g. comparação com medicamentos concorrentes). Igualmente digna de nota é a finalidade de determinação da relação risco/benefício, a curto e longo prazo, das formulações do princípio ativo. Também são explorados o tipo e o perfil das reações adversas mais frequentes, juntamente com, entre outras coisas, as características especiais do medicamento[18].

A garantia da qualidade, segurança e eficácia de um medicamento não se fica por aí. Ela envolve um processo de aprendizagem que se estende mesmo para além da decisão de autorização de introdução do medicamento no mercado, na medida em que importa assegurar a qualidade, segurança e eficácia do mesmo para além desse momento. Com efeito, na Europa, no Japão e nos Estados Unidos, a garantia da segurança do medicamento após a sua comercialização é considerada uma prioridade (ENG, 2009, p. 160). Ainda assim, não raramente se ouvem notícias de medicamentos que têm que ser retirados do mercado por se descobrir que produziam efeitos secundários prejudiciais à saúde. Mais preocupante, ainda, é quando se toma conhecimento de que as empresas farmacêuticas sabiam ou suspeitavam desses efeitos, mas sonegaram essa informação às autoridades sanitárias competentes.

---

[18] Veja-se, sobre esta fase, as informações colhidas no sítio da ANVISA. http://www.anvisa.gov.br/medicamentos/pesquisa/def.htm.

46 | DIREITO À SAÚDE E QUALIDADE DOS MEDICAMENTOS

Depois de realizadas as sucessivas fases de ensaios clínicos e pré-clínicos, a autoridade administrativa competente toma uma decisão sobre a introdução do medicamento no mercado. A autorização reveste-se da maior importância económica para a empresa, na medida em que gera a expectativa racional de que ela poderá recuperar os investimentos entretanto realizados no desenvolvimento, na produção e nos ensaios. Esta expectativa é decisiva para a capacidade de atração de novos investidores e obtenção de meios ulteriores de financiamento. Uma realidade convém, no entanto, não esquecer. Além de se gerar, durante os ensaios pré-clínicos e clínicos, muita informação não protegida pela patente, estes têm lugar durante o período de vigência da patente, encurtando substancialmente a sua vida efetiva.

A longa duração dos testes e os seus elevados custos cumulativos, com tendência para crescer, fazem com que a descoberta de um só efeito secundário possa ter como consequência a neutralização de todo o investimento realizado em investigação e desenvolvimento e testes pré-clínicos e clínicos, gerando prejuízos de centenas de milhões de dólares (REICHMAN, 2009, p. 3 ss). Em muitos casos os ensaios clínicos ficam mais caros do que a investigação e desenvolvimento que possibilitaram a descoberta do princípio ativo. Esses custos terão que ser suportados pelos medicamentos bem sucedidos, tornando ainda mais premente a necessidade de uma estrutura de incentivos que proteja e recompense os investimentos realizado na testagem de medicamentos, bem ou mal sucedidos. A criação e manutenção de semelhante estrutura é um imperativo categórico de saúde pública, essencial para a garantia do direito à saúde. Se as empresas souberem que os seus investimentos serão inteiramente protegidos elas terão um maior incentivo para serem exaustivas e verdadeiras no teste dos medicamentos.

4.4 A exigência de um *Data Package*

A demonstração da qualidade, segurança e eficácia dos medicamentos de referência compete às empresas farmacêuticas que querem obter uma autorização de introdução desses medicamentos no mercado. Essa demonstração obriga a um esforço significativo por parte das empresas farmacêuticas, de recolha de informação ao longo de sucessivas fases de testes pré-clínicos e clínicos, de acordo com as exigências feitas pelas autoridades sanitárias dos diferentes Estados. As exigências a que são submetidos os medicamentos para a sua aprovação variam de Estado para Estado. No entanto, a promoção do direito à saúde exige o máximo rigor, pelo que os Estados tenderão a ser tanto mais exigentes em matéria de testes pré-clínicos e clínicos, quanto maiores forem as suas exigências em matéria de saúde pública. Igualmente relevante, para a determinação do nível de exigência, é a questão de saber se o princípio ativo já havia sido aprovado em relação a um medicamento semelhante (SKILINGTON, 2003, p. 6). A existência de um rigor acrescido na autorização dos medicamentos inovadores é um forte argumento a favor de uma proteção acrescida na informação aí produzida, já que esse rigor só pode ser satisfeito com um enorme esforço por parte das empresas farmacêuticas, com resultados frequentemente incertos (CASTELLANO, 2006, p. 313).

Para além da informação gerada durante os testes pré-clínicos e clínicos, as empresas produtoras de medicamentos de referência podem recorrer, para obtenção da autorização de comercialização, aos estudos cientificamente fundamentados de especialistas (CARVALHO, 2005, p. 393). A informação assim obtida passará a constar de um *Data Package*, onde se condensa todo o esforço desenvolvido ao longo dos testes e da investigação em torno dos medicamentos. Muita da informação recolhida não é patenteável, na medida em que diz respeito unicamente à qualidade, segurança e eficácia do medicamento, e não necessariamente às características da novidade, salto inventivo e aplicação industrial de que depende a patenteabilidade. No entanto, nem por isso ela é menos digna de proteção do que a informação patenteável, tanto mais que a sua obtenção envolve um grande investimento financeiro ao qual as empresas farmacêuticas produtoras de produtos inovadores estão obrigadas.

Recorde-se que se está diante de empresas já tiveram que investir na investigação e desenvolvimento de medicamentos e demonstrar,

48 | DIREITO À SAÚDE E QUALIDADE DOS MEDICAMENTOS

perante as autoridades competentes no domínio da propriedade intelectual, a novidade, inventividade e aplicação industrial dos seus produtos. A introdução de um medicamento no mercado exige, normalmente, um esforço considerável por parte das empresas farmacêuticas, no desenvolvimento de testes e na realização de estudos demonstrativos da qualidade, segurança e eficácia dos medicamentos. Daí que se afigure inteiramente justo e devido, de acordo com os princípios jurídicos pertinentes, reconhecer às empresas farmacêuticas um prazo razoável de proteção de dados respeitantes aos testes sanitários e estudos especializados envolvendo os seus medicamentos (CHUNG, 13, 2006, p. 187). Pretende-se impedir que outros possam adquirir imediatamente vantagens competitivas sem terem realizado os correspondentes investimentos.

A garantia de direitos exclusivos sobre esses dados constitui um incentivo à melhoria constante da qualidade, segurança e eficácia dos medicamentos, aspeto basilar da garantia constitucional e jurídico--internacional do direito à saúde pública. Acresce que os testes pré--clínicos e clínicos e os demais estudos especializados necessários à autorização de introdução do medicamento no mercado podem ser bastante prolongados, reduzindo substancialmente a vida efetiva da patente e neutralizando, por essa via, a realização da sua intenção protetora (CANN Jr., 2004, p. 791). Daí que a proteção de dados possa funcionar, também, como mecanismo de compensação pelos danos causados pela redução da vida efetiva da patente.

O fato de o prazo de proteção da informação constante no *Data Package* poder exceder a proteção patentária, ou vigorar independentemente da existência de qualquer patente (DUTFIELD, 2008), em nada diminui a necessidade de proteção da mesma. Trata-se de duas modalidades diferenciadas de proteção da propriedade intelectual, dotadas de um fundamento autónomo, que visam a proteção de informação de origem e conteúdo diferente. Elas não são alternativas, nem uma se encontra dependente da outra ou é limitada pela outra. A proteção patentária é apenas uma modalidade de proteção da propriedade intelectual, com um objeto específico bem delimitado, que pode coexistir com outras modalidades de proteção.

5

Proteção do *Data Package*
e inovação no medicamento

5.1 O relevo da proteção do *Data Package*

O direito de propriedade, concretizando-se nas faculdades positivas, plenas e exclusivas de uso, fruição e disposição de bens corpóreos e incorpóreos, confere ao seu titular um poder de exclusão de terceiros, direito esse que alguns têm descrito como uma obrigação universal, ao passo que outros qualificam como uma característica de um direito real (PINTO, 2005, p. 153). Por esta razão, a sua fundamentação material sempre se revestiu da maior importância jurídica e política. Nos alvores do constitucionalismo moderno, o filósofo político inglês John Locke deu um contributo importante para a justificação substantiva do direito de propriedade. Partindo do princípio de que a Terra e a sua plenitude pertencem a todos os seres humanos, John Locke defendeu o direito de apropriação dos bens naturais sempre que o indivíduo acrescente o seu trabalho a esses bens. Para John Locke, o fato de alguém acrescentar o seu labor a um bem em estado de natureza justifica a concessão de um direito exclusivo sobre esse bem, que permita removê-lo da propriedade comum de todos os homens (LOCKE, 1988, p. 285 ss.).

A exclusividade do direito de propriedade tem sido ideologicamente contestada em várias frentes, sendo muitas vezes apontada a sua função conservadora do *status quo*. Todavia, o entendimento *lockeano* acima mencionado refuta a ideia de que a propriedade é inerentemente conservadora do *status quo*, associando a propriedade ao comportamento empreendedor e criativo. Mesmo para os mais críticos, se existe algum caso em que a concessão de direitos exclusivos não se afigura problemática isso sucede, precisamente, quando esses direitos pretendem incentivar e recompensar o esforço produtivo, criativo e inventivo, a partir de uma *teoria trabalho-propriedade* (HUGHES, 1988, p. 296 ss).

Ora, é esse o caso quando se trata de investir numa economia baseada no conhecimento (SANDERS, 2007, p. 894). Este entendimento permite compreender o fato de no direito privado a lei criar, desde há muito tempo, direitos de propriedade para aqueles casos em que se esteja diante de pessoas envolvidas em atividades de produção de bens, de forma a garantir a compensação dos investimentos realizados e do esforço despendido. O direito de propriedade, com esta configuração, não pode ser restringido, a não ser com um fundamento constitucional suficiente, base legal, garantias de processo equitativo, respeito pelo princípio da proporcionalidade e mediante o pagamento de uma justa indemnização (OUTTERSON, 5, 2005, p. 198 ss).

Normalmente o conhecimento não é destruído pela sua apropriação, pelo que é tendencialmente inesgotável. Essa realidade tem levado alguns a sustentar que o mesmo deve ser acrescentado ao domínio público, podendo ser apropriado pela generalidade dos cidadãos. Do ponto de vista estritamente social, considera-se que o conhecimento nunca perde valor, na medida em que vai acrescentando ao acervo do conhecimento comum. Por esta razão, alguns autores insistem em olhar para o *Data Package* como um inconveniente meio de atrasar a entrada de medicamentos genéricos no mercado (BAKER, 2008, p. 310 ss), como se não existissem razões jurídicas muito importantes a militar no sentido da proteção da informação nele contido.

No entanto, esta perspetiva ignora o fato de que o conhecimento, sendo inesgotável pelo uso, pode perder valor económico se for usado por todos. Se todos tiverem acesso aos segredos comerciais de uma dada empresa, essa informação perde o seu valor económico, por maior que seja o valor social da disseminação dessa informação. Acresce que a aquisição do conhecimento pode envolver um esforço significativo de criação de condições de recolha, processamento, análise e crítica da informação. Pelo que, se o conhecimento não for apropriável, em termos excludentes, dificilmente haverá um incentivo forte à sua aquisição, com perdas para toda a sociedade. O resultado será, certamente, a perda de capacidade de inovação (OUTTERSON, 5, 2005, p. 199). Por este motivo, a proteção da informação, entendida aqui como conhecimento valioso armazenado através de signos ou sinais verbais, óticos ou acústico, tem adquirido grande atualidade do ponto de vista económico e jurídico (WEIGEL, 2008, p. 37 ss.).

Estas considerações têm plena aplicação quando se trata de proteger o *Data Package*. A aquisição da informação nele contida envolve, de um modo geral, a mobilização de meios materiais e humanos consideráveis. Os dados obtidos durante os testes pré-clínicos e clínicos de um medicamento, condensando o produto de longos e onerosos ensaios e garantindo a respetiva qualidade, segurança e eficácia, são uma parte integrante do valor económico e do preço dos medicamentos. O *Data Package* é feito para cada indicação terapêutica, ainda que o princípio ativo seja o mesmo em todas elas. Se a formulação do medicamento for alterada haverá que fazer um novo *Data Package*. Daí que as informações nele contidas devam ser protegidos contra utilizações indevidas e tidos em conta quando da eventual concessão de licenças compulsórias (CARVALHO, 2005, p. 396). A proteção dos dados gerados nos ensaios clínicos constitui um poderoso incentivo ao aperfeiçoamento incremental dos medicamentos existentes, mesmo quando isso não satisfaça os requisitos da novidade e do salto inventivo necessários à patenteabilidade, nomeadamente em domínios como a formulação, a dosagem e as indicações terapêuticas (CARVALHO, 2008, p. 260).

5.2 Exclusividade de dados e medicamentos patenteáveis

No caso de medicamentos patenteáveis, a proteção da exclusividade dos dados dos testes de qualidade, segurança e eficácia é extremamente importante quando a autorização de introdução dos medicamentos no mercado é atribuída muito tardiamente e o prazo de exclusividade de dados se prolonga para além do prazo de duração da patente. Por maioria de razão, a exclusividade de dados pode revestir-se da maior importância quando a autorização de comercialização do medicamento é concedida depois de transcorrido o prazo de proteção patentária. Nestes casos, a proteção da exclusividade dos dados compensa a redução ou mesmo a neutralização da vida útil da patente. Mas mesmo nos casos em que isso não suceda, a exclusividade de dados pode ser relevante para proteger aquela informação diretamente relacionada com a qualidade, segurança e eficácia dos medicamentos que não é patenteável, porque obtida depois do registo da patente ou porque não dizia respeito às suas reivindicações.

O prolongamento no tempo dos testes pré-clínicos e clínicos, gerando muita informação para além daquela que é necessária ao registo de patente, torna especialmente importante a proteção de direitos exclusivos sobre a informação do *Data Package*. Os regimes de prorrogação da patente e as estratégias incrementais de "evergreening" do medicamento não são em muitos casos suficientes para contrariar e atenuar devidamente os efeitos negativos da redução da vida útil das patentes durante os ensaios clínicos (BAKER, 2008, p. 304). Em compensação, o direito exclusivo sobre os dados dos ensaios não está, em princípio, sujeito a um processo de decaimento ou erosão semelhante ao sofrido pelos direitos patentários por força do prolongamento no tempo dos testes dos medicamentos. Em todo o caso, o direito à proteção da informação do *Data Package*, a despeito de integrar a categoria genérica da propriedade intelectual, tem um fundamento, um objeto e um conteúdo autónomos e específicos, que diferenciam o seu regime do da proteção patentária, quer ela exista no caso concreto, quer não exista.

5.3 Exclusividade de dados e medicamentos não-patenteáveis

A proteção dos dados é importante mesmo no caso de medicamentos não patenteáveis. Os direitos que advêm do registo de um medicamento, comprovadamente de qualidade, seguro e eficaz, não estão sujeitos aos requisitos da novidade e do salto inventivo do direito patentário. No entanto, eles revestem-se de uma importância económica que não é necessariamente menor do que a do monopólio temporário resultante de uma patente. O direito de exclusivo sobre o *Data Package* é essencialmente um direito de propriedade intelectual, com características estruturais próximas da proteção patentária e do segredo comercial. A despeito do seu fundamento autónomo e objeto específico, ele pode constituir um instrumento eficaz de garantia de um monopólio temporário com efeito a partir da autorização do medicamento de referência (BAKER, 2008, p. 308). Ele confere às empresas um controlo significativo sobre a oportunidade e a sequência das autorizações dos medicamentos, permitindo-lhes uma gestão estratégica da sua posição competitiva. Os direitos exclusivos sobre o *Data Package* estimulam o desenvolvimento e aperfeiçoamento de medicamentos que, não sendo passíveis de proteção patentária, se revelam do maior relevo terapêutico. Do mesmo modo, eles fornecem um quadro regulatório favorável à investigação de novos usos terapêuticos para medicamentos já existentes.

6

Data Package e direito da concorrência

6.1 Direito da concorrência e concorrência desleal

O direito da concorrência pretende, entre outras coisas, conferir proteção contra a concorrência desleal, salvaguardando os direitos e interesses das empresas e dos consumidores. Os valores da integridade e da honestidade, contribuem para a transparência e o bom funcionamento do mercado (CARVALHO, 2005, p. 23). Eles estão incorporados no direito da concorrência, juntamente com as exigências de igualdade e imparcialidade dos poderes públicos. Para além de outros fatores (v.g. clientela), em muitos casos a vantagem competitiva das empresas em concorrência depende da informação acumulada ao longo do tempo, graças à iniciativa, ao esforço e à inteligência dos seus dirigentes e trabalhadores. A manutenção da sua vantagem concorrencial depende da possibilidade de impedir o acesso a essa informação pelos concorrentes, mesmo quando esse acesso seja conseguido sem se violar diretamente qualquer obrigação contratual ou norma jurídica[19].

---

[19] Por exemplo, no caso *E.I. du Pont de Nemours & Co. v. Christopher*, 431 F. 2d 1012, 1017 (5th Cir. 1970) um tribunal norte-americano considerou que tirar fotografias aéreas a uma instalação fabril em construção, pertencente a uma empresa concorrente, violava o segredo comercial. Provavelmente terá tido em conta o fato de que a empresa desenvolveu um esforço desproporcional no sentido da obtenção dessa informação, muito para além do que seria

56 | DIREITO À SAÚDE E QUALIDADE DOS MEDICAMENTOS

Torna-se por isso necessário garantir uma medida razoável de *privacidade comercial*, capaz de salvaguardar a concorrência leal, o investimento e a inventividade. Essa garantia não impede, em termos absolutos, a existência de alguns casos em que uma empresa possa colher os benefícios da informação gerada por uma outra empresa concorrente (v.g. *download* de informação disponível *on line*; uso da informação constante da bula de um medicamento; análise da política de preços de uma empresa), sem que isso seja qualificável como comportamento ilegal ou concorrência desleal. Assim sucede quando uma empresa tira proveito de informação acessível a todos, sem que se possa falar de aquisição, uso ou divulgação de informação de forma contrária às práticas comerciais desonestas (CARVALHO, 2005, p. 393 ss).

Em princípio, porém, a apropriação dos benefícios do labor intelectual empreendedor, criativo e inventivo de um indivíduo ou de uma empresa por parte de um concorrente, sem o consentimento da entidade geradora dos bens imateriais em causa, é considerada como uma forma de concorrência desleal. A mesma seria certamente compreendida, pela análise económica do direito, como uma manifestação do conhecido "*free rider problem*" e muito provavelmente reconduzida à categoria jurídica do enriquecimento sem causa. Diferentemente se passariam as coisas se a informação fosse obtida com o esforço do concorrente, ou através de *reverse engineering*.

Daí que os instrumentos normativos nacionais e internacionais sobre propriedade intelectual contenham, de um modo geral, disposições sobre proteção contra a concorrência desleal. Por exemplo, o artigo 10.º bis da Convenção de Paris sobre propriedade industrial contém uma norma dessa natureza, quando obriga os Estados da União de Paris a conferir uma proteção efetiva contra a concorrência desleal, de acordo com o princípio do tratamento nacional, conside-

---

razoavelmente de esperar do ponto de vista de uma empresa média. Atualmente, com os meios tecnológicos disponíveis (v.g. Google Earth), já seria possível a obtenção da mesma informação sem a realização de um esforço especial ou desproporcional.

rando-se que existe deslealdade quando se recorre a práticas desonestas nos domínios comercial e industrial (SKILINGTON, 2003, p. 2).

Todavia, uma definição exata de concorrência desleal não consta da Convenção de Paris. Não admira que a questão de saber até que ponto é que a apropriação e utilização indevida de informação confidencial, à margem de qualquer ato criminal, constitui uma forma de concorrência desleal, para efeitos do artigo 10.º bis da Convenção de Paris, tenha sido objeto de intensa controvérsia. Tudo indica que de um nível médio de proteção, em que se reprimia a obtenção da informação por vias ilegais, se passou para um nível mais elevado de proteção, em que também se previne a utilização da informação por terceiros, mesmo quando estes não tenham levado a cabo qualquer tentativa ilegítima de apropriação da informação confidencial (CARVALHO, 2005, p. 23). Esta evolução teve como fundamento a necessidade de impedir o benefício por uns do esforço realizado por outros, em termos que neutralizem o incentivo à iniciativa e à criatividade na procura de vantagens competitivas.

A vigência do artigo 10.º bis da Convenção de Paris é salvaguardada pelo artigo 2.º/1 do Acordo TRIPS, quando determina que "[n]o que diz respeito às partes II, III e IV do presente Acordo, os Membros devem observar o disposto nos artigos 1.º a 12.º e no artigo 19.º da Convenção de Paris (1967)." Para além da mencionada disposição, também os artigos 39.º e 40.º do TRIPS, respetivamente sobre informações não divulgadas e práticas anticoncorrenciais em licenças comerciais, consagram a necessidade de proteger informação com importante relevo comercial e concorrencial, prevenindo eventuais abusos. Sobre o artigo 39.º iremos falar mais adiante. Neste momento salientamos apenas o modo como ele polariza as discussões clássicas em torno do alcance do conceito de concorrência desleal.

Para uns, o artigo 39.º/3 do TRIPS não concede quaisquer direitos exclusivos sobre essa informação, tendo tal possibilidade sido afastada durante as negociações (HO, 2007, p. 1493). Outros, ainda, sustentam que, apesar de o TRIPS não responder expressamente e de forma inequívoca a essa questão, nem por isso a utilização da informação do *Data Package* deve deixar de ser protegida por outros instrumentos convencionais e legais, para a livre concorrência entre empresas não vir a ser falseada por transferências de valor operadas pelas autoridades públicas.

Por nossa parte, consideramos que a concorrência desleal preclude a utilização, por parte das entidades reguladoras, durante um prazo razoável, da informação sobre ensaios clínicos que lhes é submetida para a autorização de introdução de medicamentos genéricos no mercado. Este entendimento tem méritos substantivos inegáveis, na medida em que afirma o princípio da imparcialidade e neutralidade administrativa relativamente às empresas em competição, ao mesmo tempo que reconhece a necessidade de proteger os respetivos investimentos em informação. Além disso, ele não deixa de promover a saúde pública, na medida em que promove a inovação e os ensaios sobre qualidade, segurança e eficácia dos medicamentos. Acresce que ele resulta claramente da articulação entre o teor literal e a teleologia do artigo 39.º/3 TRIPS, na medida em que esta norma perde todo o seu sentido útil se as autoridades puderem usar a informação que lhes é submetida para autorizar a comercialização de medicamentos concorrentes, mesmo que não procedam à sua divulgação.

Estes aspetos serão objeto de consideração detalhada mais adiante, a propósito da exegese do artigo 39.º do Acordo TRIPS. Igualmente relevante é o artigo 40.º do TRIPS, que protege informação de importância comercial e concorrencial não divulgada, relativamente à qual foram dados passos significativos no sentido de a manter secreta, da divulgação não autorizada contrária às práticas comerciais honestas. O artigo 40.º, sobre o controlo das práticas anticoncorrenciais em licenças contratuais, protege os contratos mediante os quais se definam obrigações razoáveis de confidencialidade e não divulgação, admitindo restrições quando se trate de salvaguardar a liberdade do comércio e a transferência de tecnologias (DiMATTEO, 2006, p. 461 ss). Pretende-se, deste modo, prevenir e combater o abuso dos direitos de propriedade intelectual com efeitos adversos sobre a concorrência.

6.2 Vantagem comparativa e direitos exclusivos sobre a informação

A manutenção de uma posição de vantagem comparativa na concorrência económica depende, em muitos casos, do controlo da informação. Neste domínio é pertinente a sabedoria popular, segundo a qual "o segredo é a alma do negócio". No âmbito comercial, a informação permite consolidar posições de vantagem. É por este motivo que se penaliza o uso, nos mercados financeiros, da informação que foi obtida de forma privilegiada (*inside information*), para com isso obter uma vantagem económica injustificada. Em contrapartida, procura-se proteger aquela informação que foi legitimamente obtida mediante um esforço económico significativo, premiando desse modo a iniciativa, o investimento e a inovação. Essa informação, sendo uma grandeza imaterial dotada de valor económico, é geralmente protegida como propriedade intelectual. Essa proteção pode ser realizada por vários meios jurídicos. Daí que seja importante ter presente as diferentes modalidades de proteção da informação de valor acrescentado gerada pelas empresas.

Nas linhas subsequentes consideraremos diferentes formas de propriedade intelectual, com especial relevo para o direito das patentes, o segredo profissional e os direitos exclusivos sobre o *Data Package*. Como iremos ver, este último direito apresenta algumas homologias significativas, tanto com a propriedade intelectual patentária, como com a disciplina jurídica do segredo comercial. Podemos dizer que se trata aqui de espécies de um mesmo *genus*. Todas as figuras, ao protegerem grandezas intelectuais, se perfilam orientadas para o estímulo da livre iniciativa, do investimento e da inovação. A melhor estratégia para a proteção da inovação consiste no aproveitamento de todas as suas potencialidades e sinergias.

6.2.1 *Propriedade intelectual patentária*

O direito de propriedade intelectual, abrangendo em primeira linha os direitos de autor e direitos conexos, os sinais distintivos do comércio e as patentes, pretende proteger, fundamentalmente, a iniciativa criadora, empreendedora e inventiva dos particulares, através da qual eles diferenciam a sua atividade no mercado e na concorrência (DiMATTEO, 2006, p. 433 ss). Ele assenta no reconhecimento de que as ideias e a informação podem ter um valor económico, embora se caracterizem pela inexauribilidade. Isto é, enquanto os bens materiais são de aproveitamento limitado, as ideias podem ser usadas simultaneamente por todos, sem qualquer limitação física ou escassez (FELDMAN, 2009, p. 143). A única limitação física às ideias decorre, quando muito, do suporte material (v.g. papel, banda magnética, impulsos elétricos) utilizado para o seu armazenamento e transmissão. A necessidade de incentivar e compensar a investigação e a produção de informação nova, apta a traduzir-se no desenvolvimento de novos bens e serviços, esteve na base da criação e proteção de direitos de propriedade intelectual.

Esta está longe de constituir uma realidade recente (ANAWALT, 2003, p. 383 ss). Conhecendo as suas raízes na antiguidade pré-cristã, a propriedade intelectual emergiu há séculos no direito interno de vários Estados, acabando por obter consagração constitucional nos Estados Unidos da América, em 1787, no artigo I, secção VIII, da Constituição Federal. No direito internacional da propriedade intelectual salienta-se a proteção que foi dada aos inventores pela Convenção de Paris, de 1883[20]. Este tratado, que criou a União da Propriedade Industrial, baseia-se nos princípios do tratamento nacional e do tratamento unionista. O primeiro requer que todos os membros da União de Paris adquiram direitos nas mesmas circunstâncias e com o mesmo conteúdo, sendo sancionados de forma idêntica pela sua violação. O segundo traduz-se na criação de vantagens especiais que não existiam até então. Paralelamente a esta convenção, a proteção dos autores foi efetivada com base na Convenção de Berna, de 1886[21].

---

[20] Paris Convention for the Protection of Industrial Property, March 20, 1883.
[21] Berne Convention for the Protection of Literary and Artistic Works, Jul. 24, 1971, art. 5(2), T.I.A.S. 1184.

Dentro do sistema de propriedade intelectual merecem uma especial referência os direitos de autor e o sistema de patentes. Em ambos os casos, a proteção conferida é temporária, tendo como objetivo último a integração da matéria protegida no domínio público, para benefício de toda a comunidade, depois de cumpridas as funções incentivadoras e compensadoras da propriedade intelectual. Esta característica da propriedade intelectual afasta-a de muita da controvérsia que rodeia a propriedade física. A proteção conferida aos inventores constitui uma forma de reconhecer, incentivar e premiar o seu trabalho, tendo em conta o benefício que toda a sociedade pode retirar dos respetivos frutos. Ela efetiva-se mediante o registo de uma patente, concedido quando se esteja diante de uma criação inovadora, que exprima um salto inventivo e seja útil, do ponto de vista industrial e comercial.

Durante um prazo definido, ninguém pode produzir, usar ou vender o invento patenteado, sem autorização do titular da patente. O inventor recebe um monopólio temporário, que lhe abre as portas à obtenção de um benefício económico do seu invento. De um modo geral entende-se que a perspetiva da obtenção de lucro funciona como um incentivo à criação de novos produtos e à sua introdução no mercado. Ao mesmo tempo que recebe o seu direito exclusivo temporário, e por causa disso, o inventor dispõe-se a colocar os seus conhecimentos no domínio público, permitindo que os mesmos possam vir a ser reutilizados em novos esforços de criação e aperfeiçoamento. Isso sucede depois de transcorrido o prazo de proteção patentária. Subjacente à proteção dos direitos de propriedade intelectual ora descritos encontra-se o objetivo de estruturar uma relação de justiça comutativa entre o inventor e a comunidade em geral (FELDMAN, 2009, p. 138 ss).

O aprofundamento da proteção da propriedade intelectual foi consumado com a criação da Organização Mundial da Propriedade Intelectual, em 1967. Com o passar dos anos, a integração económica global veio criar a necessidade de associar a proteção da propriedade intelectual ao comércio internacional. O Acordo TRIPS, de que falare-

62 | DIREITO À SAÚDE E QUALIDADE DOS MEDICAMENTOS

mos adiante, tem, desde a sua entrada em vigor em 1995, como objeto principal o estabelecimento de um padrão mínimo de proteção jurídica internacional dos direitos de propriedade intelectual, de acordo com os princípios do livre comércio, do tratamento nacional e da nação mais favorecida (CANOTILHO, MACHADO, & RAPOSO, 2008).

O artigo 27.º do TRIPS veio tornar possível a patenteabilidade dos produtos farmacêuticos, aspeto que se reveste da maior importância para a indústria responsável pela introdução de novos medicamentos à escala global. As quantidades de capital mobilizadas pelas empresas farmacêuticas permitem-lhes ter um forte impacto, a esse nível, quer no plano económico, quer na saúde pública da população mundial. A apontada relação de comutatividade entre o inventor e a sociedade aplica-se hoje, por via do TRIPS, à relação que a indústria farmacêutica inovadora estabelece com a comunidade internacional globalizada.

Nalguns casos um inventor isolado pode desenvolver um novo produto porque tem uma ideia brilhante (v.g. um momento "Eureka!") de forma casual e sem qualquer esforço. Porém, esta está longe de ser a realidade no desenvolvimento de medicamentos inovadores. Este é um processo demorado, oneroso e arriscado, que envolve a mobilização de avultadíssimos meios materiais e humanos e com resultado altamente incerto. Neste como noutros domínios da ciência e da tecnologia, a produção de informação inovadora é o resultado da mobilização de amplos recursos e de muito trabalho (HUGHES, 1988, p. 301 ss). À medida que a tecnologia se torna mais sofisticada, complexa e especificada, o inventor autónomo de outrora passa a ser uma raridade, tornando-se cada vez mais difícil produzir ideias novas sem uma grande quantidade de tempo, dinheiro, infraestruturas apropriadas e especialização científica e tecnológica. Da invenção artesanal passou-se para a invenção industrial. Por causa disto, a proteção de direitos de propriedade intelectual assume o maior relevo nos nossos dias. De um ponto de vista utilitarista, ela constitui um incentivo à maximização de utilidades que acabarão por ter reflexos positivos em toda a sociedade e irradiar à escala planetária. A partir da teoria do trabalho, ela faz a justiça de permitir às empresas farmacêuticas a colheita dos frutos do seu trabalho, mesmo quando esse trabalho é intelectual (FELDMAN, 2009, p. 144).

A concessão das patentes está sujeita, no direito internacional, aos requisitos da novidade, do salto inventivo e da aplicação industrial (art.27.º do TRIPS), tendo as mesmas um prazo mínimo de vigência de 20 anos (art. 33.º do TRIPS). Durante esse tempo, o inventor dispõe de um monopólio temporário que lhe dá a possibilidade de recuperar o investimento realizado e de contar desse modo com um incentivo para que continue a sua atividade inventiva. Por exemplo, tratando-se de um produto, a proteção patentária previne o fabrico, uso, comercialização e importação do mesmo por terceiros (art. 28.º /1/a) do TRIPS), durante um período bem definido. Com estas limitações, o sistema de patentes cobre apenas uma pequena parte da informação de que as empresas dependem para serem bem sucedidas no mercado. As patentes têm a vantagem de permitir uma maior quantificação das tecnologias, e uma maior qualificação dos direitos, clarificando o seu conteúdo negativo *erga omnes* e o prazo de proteção (CARVALHO, 2005, p. 18 ss).

Uma vez divulgadas, as patentes possibilitam o desenvolvimento por terceiros de novos produtos, baseados nos conhecimentos nelas inscritos, os quais serão por sua vez patenteados, uma vez preenchidos os necessários pressupostos, podendo nalguns casos tornar-se ainda mais relevantes, do ponto de vista comercial, do que os produtos inicialmente patenteados. A divulgação da informação funciona como um incentivo ao gradual aperfeiçoamento de bens e serviços num sentido inovador. Tudo isto diminui substancialmente os *custos de transação* envolvidos na obtenção e difusão pública da informação (EGGERTSSON, 1991, p. 15). Não admira que as patentes venham a assumir um papel central na economia, enquanto incentivos económicos à inovação, à competitividade e ao crescimento (GUELLEC & POTTERIE, 2007, p. 4).

Por este motivo, as patentes são consideradas económica e socialmente vantajosas, por comparação com o segredo comercial (CARVALHO, 2005, p. 18). Por outro lado, quando se está diante de uma

64 | DIREITO À SAÚDE E QUALIDADE DOS MEDICAMENTOS

patente de grande importância tecnológica e valor económico existe um forte incentivo para questionar judicialmente a sua validade (JORDA, 48, 2008, p. 26). Daí que a proteção da inovação obrigue a ir para além das patentes e a considerar devidamente outras modalidades de tutela. No caso da indústria farmacêutica inovadora, o monopólio temporário concedido compensa os investimentos realizados e assegura a colocação em domínio público de informação da maior importância para a proteção do direito à saúde.

6.2.2 *Segredo comercial*

O segredo comercial tem como objetivo a prevenção da apropriação, uso e divulgação, não autorizados, de uma qualquer informação (v.g. fórmulas, processos, desenhos, padrões, códigos, compilações de dados[22]), de natureza financeira, económica, técnica, científica, comercial, etc., que sirva para diferenciar e acrescentar valor a um determinado bem ou serviço, diante de concorrentes e consumidores, e relativamente à qual tenham sido dados passos razoavelmente diligentes no sentido de preservar essa confidencialidade. Quando isso tenha acontecido, o acesso a essa informação por parte de terceiros terá sido, muito provavelmente, ilegítima[23].

Como bem se compreende, o segredo comercial abrange informações que revistam particular importância para a atividade industrial e comercial das empresas e para os seus concorrentes, e que, por esse motivo, tenham considerável valor económico para uma e outras. O segredo comercial está indissociavelmente ligado à obtenção de uma vantagem comparativa. O mesmo pode ser relevante para prote-

---

[22] Veja-se, nomeadamente, Unif. **Trade Secrets** Act § 1(4), 14 U.L.A. 372 (Supp. 1989).

[23] Isto mesmo foi entendido pela jurisprudência, no caso Rockwell Graphic Sys., Inc. v. DEV Indus., 925 F.2d 174, 178-79 (7th Cir. 1991).

ger informação gerada na fase de investigação e desenvolvimento, muito antes do pedido da proteção patentária, ou produzida na fase de teste dos produtos, posterior ao depósito do pedido de patente. Isto é especialmente relevante quando se trata do desenvolvimento de tecnologias muito complexas.

A ilegitimidade da obtenção da informação protegida anda geralmente associada a condutas dolosas como o engano, a espionagem ou o furto. No entanto, o segredo comercial também pode ser invocado quando o seu titular tenha revelado alguma informação protegida por altura da comercialização do produto a que a mesma se refere, ou quando a informação confidencial tenha sido obtida acidentalmente ou por engano (ARORA, 13, 2004, p. 451). Quando isso acontece, o segredo comercial protege o direito de impedir a utilização e a divulgação da informação assim obtida.

O segredo comercial constitui um importante incentivo à inovação e à invenção, permitindo igualmente ao seu titular colher os benefícios do seu esforço, para além de pretender estabelecer padrões de honestidade, decência e justiça nas transações comerciais e na concorrência. Ele constitui, em boa medida, uma "jóia da coroa" das empresas, valiosa nas suas relações umas com as outras e com o público. Trata-se de uma figura dogmaticamente complexa, onde confluem várias doutrinas jurídicas sobre propriedade intelectual, contrato, boa-fé, dever de lealdade laboral, infidelidade, abuso de confiança, concorrência desleal, enriquecimento sem causa, justiça distributiva, etc.

O segredo comercial tutela os esforços do titular da informação no sentido de manter a sua confidencialidade (CARVALHO, 2005, p. 20 ss). Contudo, ele não protege o seu titular do desenvolvimento independente de um produto ou serviço idênticos, nem da prática de *reverse engineering* ou análise de um produto, sendo que se trata aqui da simples replicação de um bem ou serviço pré-existente e não da criação de algo verdadeiramente inovador, como sucede, no domínio da propriedade intelectual, quando a informação patenteada é colocada no domínio público. No entanto, nas matérias no seu domínio de aplicação o segredo comercial tem uma dupla eficácia.

66 | DIREITO À SAÚDE E QUALIDADE DOS MEDICAMENTOS

Por um lado, ele produz um efeito horizontal de vinculação dos particulares, como sejam trabalhadores, fornecedores, titulares de licenças de *"Know-how"*, ou concorrentes. Por outro lado, ele vincula as autoridades públicas (v.g. administração, entidades reguladoras, tribunais) que tenham tomado conhecimento da informação sujeita a segredo comercial, no exercício das suas funções administrativas, regulatórias ou judicativas[24]. A violação do segredo comercial pode ter como consequência a responsabilidade civil, a obrigação de pagamento de *royalties*, a prolação de injunções de cessação e atenuação do dano, sanções disciplinares, etc. Nos últimos tempos tem-se assistido, nalguns quadrantes, a um reforço das indemnizações por violação de segredo comercial (JORDA, 48, 2008, p. 9).

Comparativamente com o direito patentário, o segredo comercial tem a vantagem de ser mais fácil e barato de obter e proteger, na medida em que não carece de registo e de um ato de aprovação. Além disso, o âmbito material do segredo comercial é *prima facie* maior do que o da propriedade intelectual, para além de não estar sujeito aos requisitos de patenteabilidade[25]. Pode haver segredo comercial sobre

---

[24] Assim se compreende, por exemplo, que os litígios judiciais onde possam estar em causa segredos comerciais decorram à porta fechada, quando isso seja necessário para salvaguardar a confidencialidade da informação. Do mesmo modo, na passagem de certidões de atos sujeitos a publicação, no domínio da propriedade industrial, as autoridades administrativas competentes estão obrigadas a salvaguardar a confidencialidade da matéria considerada como sujeito comercial. Veja-se, no caso português, o artigo 29.º/4 do Código da Propriedade Industrial, na versão consolidada depois das alterações introduzidas pelo Decreto-Lei n.º 143/2008, de 25-7.

[25] A maior amplitude material do segredo comercial relativamente à proteção patentária encontra-se hoje significativamente mitigada pelo artigo 27.º/ /1 do Acordo TRIPS, que afasta a discriminação quanto aos domínios da tecnologia em que a proteção patentária pode ser concedida. Na mesma linha, já o Supremo Tribunal norte-americano havia afirmado, na sua decisão no caso *Diamond v. Chakrabarty*, 447 U.S. 303 (1980), a patenteabilidade de "anything under the sun that is made by man".

matérias não patenteáveis ou de duvidosa patenteabilidade. Nestes casos, a proteção concedida à informação confidencial tende a ser temporalmente ilimitada, por contraposição ao que sucede no direito patentário (JORDA, 48, 2008, p. 7 ss).

O único benefício que advém para o público em geral consiste na possibilidade de adquirir, no mercado, o bem ou o serviço a que a informação confidencial diz respeito. Ainda assim, não existe uma supressão no sentido económico do termo, na medida em que os bens e os serviços sejam disponibilizados e, por essa via, a invenção possa ter impacto no mercado. No entanto, a proteção patentária é especialmente relevante para proteger os chamados *inventos autodivulgáveis* (*self-disclosing inventions*), cujo conteúdo é divulgado ao público pela simples comercialização do mesmo (LEMLEY, 61, 2008, p. 313). A proteção patentária é igualmente devida naqueles casos em que o interesse público requeira a divulgação e livre utilização do segredo comercial, depois de um determinado prazo de segredo e exclusividade, suficiente para garantir o retorno do investimento efetuado (JORDA, 48, 2008, p. 6).

É isso que sucede, em grande medida, no caso da indústria farmacêutica. As diferenças entre a propriedade intelectual e o segredo comercial nem sempre são nítidas, do ponto de vista teórico, havendo quem defenda a recondução do segredo comercial ao direito de propriedade intelectual (LEMLEY, 61, 2008, p. 311). Tanto as patentes como o segredo comercial conferem direitos exclusivos sobre determinada informação, dotada de elevado valor comercial. Aí reside uma importante homologia entre ambas as figuras. Na verdade, o segredo comercial constituiu a primeira modalidade de proteção da propriedade intelectual. No entanto, as patentes tendem a quantificar e qualificar de forma mais precisa, tanto a tecnologia envolvida, como os direitos que sobre ela recaem, o que tem importantes vantagens, do ponto de vista da redução de custos de transação (CARVALHO, 2005, p. 18). O direito patentário terá surgido posteriormente ao segredo comercial, como forma de conferir alguma proteção a alguns segredos comerciais, diminuindo ao mesmo tempo o alcance e a duração dessa proteção, de forma a promover a disseminação de informação considerada relevante para o interesse público (PERRITY Jr., 2008, pp. §§1:1, 3:5.2).

Nalguns casos, a proteção dos direitos de propriedade intelectual é temporária, como sucede nos direitos de autor e direitos conexos e nas patentes. Diferentemente se passam as coisas no domínio dos segredos comerciais, onde a proteção é temporalmente ilimitada. Ao passo que nas patentes a informação é protegida temporariamente e depois entra no domínio público, no segredo comercial a informação é protegida mesmo quando permanece secreta. Nalguns casos, isso não é bem compreendido. Por exemplo, a empresa Coca-Cola enfrentou significativas dificuldades na Índia, quando as autoridades públicas exigiram a divulgação da fórmula do seu famoso refrigerante (SKILINGTON, 2003, p. 2). Apesar do caráter temporalmente ilimitado da proteção do segredo comercial, é possível assistir-se à diluição e dissipação deste segredo com o passar do tempo, em virtude propensão para a indiscrição por parte de empregados, fornecedores e concorrentes.

Esta tendência para o decaimento do segredo comercial, como se de um isótopo instável se tratasse, acaba em muitos casos por reduzir a diferença prática entre o segredo comercial e a proteção patentária. Especialmente digna de nota é a possibilidade de desenvolvimento independente, *reverse engineering* e análise do produto, que constituem importantes defesas contra a violação do segredo comercial.

Mesmo quando não seja inteiramente bem sucedida, a engenharia reversa pode favorecer o surgimento de nova informação e de novos produtos concorrentes (CARVALHO, 2008, p. 261). Isto, para não falar no risco, sempre presente, de uma fuga de informação difícil de detectar. Os custos de transação envolvidos na preservação de um segredo comercial são enormes e nem todas as empresas têm condições para os suportar.

A proteção da propriedade intelectual (v.g. marcas, denominações) também pode ser temporalmente ilimitada. A pouca nitidez da distinção entre o segredo comercial e a propriedade intelectual tradicional,

DATA PACKAGE E DIREITO DA CONCORRÊNCIA | 69

no direito positivo e na ciência jurídica, têm levado as autoridades de alguns Estados a hesitar no tratamento jurídico a dar ao segredo comercial. Com efeito, o segredo comercial surge nalguns casos envolto numa névoa de indefinição e indeterminação, com custos importantes do ponto de vista da segurança jurídica e da proteção da confiança, e da necessária precisão, clareza e previsibilidade na interpretação e na aplicação das normas jurídicas (CARVALHO, 2005, p. 21)[26].

No entanto, trata-se de figuras que têm idêntica razão de ser, operando complementarmente[27]. A finalidade da proteção do segredo comercial é a mesma que está por detrás dos direitos de propriedade intelectual por via das patentes. Nos dois casos pretende-se estimular a investigação e o desenvolvimento que tornam possível a criação e acumulação de informação inovadora. Pelo que prevalece um consenso segundo o qual é importante definir e proteger a propriedade intelectual patentária e o segredo comercial, punindo as respetivas infrações, em virtude da importante função incentivadora que ambos institutos prosseguem de forma complementar (JORDA, 48, 2008, p. 1 ss).

6.2.3 *Direito exclusivo sobre o* Data Package

A *ratio essendi* dos direitos exclusivos sobre os dados não divulgados constantes do *Data Package* consiste em proteger o esforço empreendedor e o labor das empresas farmacêuticas no que diz diretamente respeito aos ensaios e testes que as mesmas são obrigadas a

---

[26] Veja-se, nomeadamente, o caso *SI Handling Systems Inc. v. Heisley*, 753 F. 2d 1244 (3d Circ. 1985).

[27] Neste sentido se pronunciou o Supremo Tribunal norte-americano, no caso *Kewanee Oil Co. v. Bicron Corp*, 416 U.S. 470, (1974). quando afirmou que "[t]he patent policy of encouraging invention is not disturbed by the existence of another form of incentive to invention. In this respect the two systems are not and never would be in conflict ..."

realizar para demonstrar a qualidade, a segurança e a eficácia de novas entidades químicas sujeitas a autorização. Trata-se aí de informação cuja compilação envolveu elevados custos, tendo por isso elevado valor económico para a empresa que neles incorreu e para os seus concorrentes, que inevitavelmente pretenderão beneficiar dessa informação sem contribuir para os respetivos custos.

Muita dessa informação, a despeito do seu valor comercial para as empresas e as suas concorrentes, não é patenteável. Nem por isso, contudo, ela é menos digna de proteção. O sistema de patentes é inteiramente compatível com outras formas de proteção da propriedade intelectual, com fundamento e estrutura autónomos. A proteção de direitos exclusivos sobre o *Data Package* é uma realidade inteiramente distinta, do ponto de vista estrutural e funcional, da proteção patentária (CARVALHO, 2008, p. 301 ss). Ela visa incentivar o desenvolvimento de novos produtos, mesmo que não patenteáveis, e de novas aplicações para produtos já existentes, garantindo em qualquer caso níveis elevados de qualidade, segurança e eficácia.

O fato de a informação constante do *Data Package* ser propriedade da empresa que a produziu, ter sido gerada com custos significativos e conferir uma importante vantagem competitiva constitui um importante argumento a favor da proteção deste tipo de propriedade intelectual. Na verdade, mais do que a informação, o que está verdadeiramente em causa é a proteção da vantagem comparativa que ela confere, já que nada impede que essa informação seja replicada, pelas empresas de genéricos e similares, através da realização de testes semelhantes ou a partir de informação acessível ao público. Qualquer que seja o grau de exclusividade protegido, ele refere-se, não ao produto, mas aos dados com ele relacionados e ao respetivo valor comercial. Os concorrentes podem introduzir produtos semelhantes no mercado, com a mesma qualidade, segurança e eficácia, desde que o façam à custa do seu próprio esforço. A proteção da informação do *Data Package* não pretende ser um fim em si mesmo, mas apenas um meio para proteger a vantagem competitiva que ela confere. Tal como um qualquer segredo comercial, a informação constante do Data Package deve ser protegida enquanto for secreta (CARVALHO, 2008, p. 265).

Por se tratar de informação de natureza farmacêutica relacionada com a proteção da saúde pública e o ambiente, envolvendo temas como a toxicidade dos medicamentos ou a sua eficácia, existe um interesse público atendível em permitir a sua divulgação e colocação no domínio público, após o transcurso de um determinado prazo razoável (CARVALHO, 2008, p. 262). Não que o interesse público possa ser usado como justificação para o desmantelamento puro e simples do sistema de proteção da propriedade, física e intelectual, e de proteção de uma concorrência justa e leal. Não pode. A promoção do interesse público de forma sustentada requer a estabilidade, justiça e previsibilidade das relações jurídicas que só a propriedade, o contrato, a concorrência e a neutralidade estadual, que concretizam o princípio do Estado de direito, podem assegurar. Como se sublinhou, mais do que proteger a informação em si mesma, do que se trata, acima de tudo, é de proteger a vantagem competitiva que ela encerra, resultante do investimento em tempo, meios materiais e humanos, com vista à obtenção dessa informação.

Teoricamente, desde que fosse protegida a vantagem competitiva e prevenido o *free rider problem*, nada impediria a divulgação pública da informação relativa aos ensaios pré-clínicos e clínicos. A relevância pública da informação em causa não pode deixar de ter significado no processo de ponderação e restrição dos direitos de propriedade intelectual, nomeadamente à luz dos princípios da boa governança, incluindo os da transparência e da responsabilidade. Do mesmo modo, também existe um interesse ponderoso em evitar uma total duplicação dos ensaios clínicos pelos concorrentes. Isso não apenas colocaria importantes questões éticas, já que os testes seriam feitos em pessoas e animais, sem haver real necessidade de os submeter a esses novos testes, na medida em que os respetivos resultados já são conhecidos, como representaria um desperdício de recursos de difícil justificação (CARVALHO, 2008, p. 261).

72 | DIREITO À SAÚDE E QUALIDADE DOS MEDICAMENTOS

A melhor maneira de responder a estas diferentes ordens de considerações consiste em procurar uma solução equilibrada, razoável e justa. Daí que a informação mereça ser protegida como segredo comercial, mas sem o caráter temporalmente ilimitado que normalmente acompanha este segredo. Surge assim a figura dos direitos exclusivos sobre os dados constantes do *Data Package*, uma modalidade de propriedade intelectual, com elementos de hibridização entre a propriedade intelectual patentária, e o segredo comercial, duas figuras claramente integrantes do mesmo *genus*. A exclusividade de dados apresenta, ainda, uma ligação inequívoca ao direito da concorrência e respetivos princípios.

Na Europa esses direitos são conhecidos principalmente como "*Data Exclusivity*", ao passo que nos Estados Unidos eles são frequentemente designados por "*Marketing Exclusivity*" (REICHMAN, 2009, p. 4)[28]. À semelhança do que sucede com o segredo comercial, a exclusividade de dados impede, não apenas o acesso à informação, mas também o seu uso e divulgação com fins competitivos e lucrativos. Isso inclui, naturalmente, o seu uso com o fim de autorizar a introdução no mercado de produtos concorrentes com o medicamento a que os dados dizem respeito. Semelhante uso neutralizaria, irremediavelmente, a vantagem comparativa que resulta da confidencialidade da informação (CARVALHO, 2008, p. 260 ss). No entanto, e semelhantemente ao que sucede no direito patentário, os direitos exclusivos são temporários. Trata-se, também aqui, de assegurar um monopólio temporário à empresa que suportou os custos com os testes pré-clínicos e clínicos, em troca da sua posterior divulgação e livre utilização. Mas mesmo durante esse monopólio temporário o público beneficia dessa informação, na medida em que é com base nela que é autorizado o medicamento de referência a que a informação em causa diz respeito.

---

[28] Em rigor, na Europa "exclusividade de dados" e "exclusividade de comercialização" são duas formas distintas e complementares de proteção, visando incentivar a autorização de produtos inovadores, como veremos adiante.

6.2.4 *Complementaridade de meios de proteção*

O sistema patentário, o segredo comercial e a proteção dos dados de testes não são institutos mutuamente excludentes. Pelo contrário, trata-se de modalidades complementares de *proteção múltipla* da propriedade intelectual, com significativas áreas de sobreposição entre si, potenciadoras de importantes sinergias (JORDA, 48, 2008, p. 19 ss). O sistema patentário pode proteger uma quantidade significativa de informação nova, que manifeste um salto inventivo e tenha aplicação industrial. No entanto, o sistema de patentes tem limites materiais e temporais, não cobrindo muita da informação essencial para a posição competitiva das empresas. É provável que a maior parte dos resultados da atividade de investigação e desenvolvimento e da informação em que as empresas baseiam as suas vantagens comparativas não seja suscetível de proteção patentária. Nem por isso a mesma deixa de ser essencial à capacidade concorrencial das empresas.

O segredo comercial e a exclusividade de dados podem proteger importantes quantidades de informação não patenteável, de grande utilidade industrial e comercial, juntamente, no caso específico das empresas farmacêuticas, com informação clínica sobre a qualidade, a segurança e a eficácia dos medicamentos. Alguns afirmam que o segredo comercial é a propriedade intelectual do século XXI, convidando ao abandono da propriedade intelectual tradicional[29]. No entanto, quando esteja em causa a produção de medicamentos e a proteção da saúde pública, é duvidoso que a proteção do interesse público seja compatível com a substituição do sistema de monopólio temporário do direito patentário e da exclusividade de dados pelo segredo comercial. Em todo o caso, enquanto coexistirem, os três institutos não

---

[29] Este entendimento foi sufragado por James Pooley, na sua qualidade de Presidente da American Intellectual Property Law Association, num Discurso na Conferência ASIPI (Nov. 3, 2007), onde afirmou: "Forget patents, trademarks and copyrights ... **trade secrets** could be your company's most important and valuable assets."

deixarão de estabelecer entre si uma relação de compatibilidade, complementaridade e o reforço mútuo. No setor farmacêutico, à semelhança do que sucede noutros domínios, a proteção do investimento, da investigação e desenvolvimento, em ordem ao fabrico de medicamentos inovadores e de alta qualidade, requer a mobilização articulada e integrada das figuras da propriedade intelectual patentária, segredo comercial e proteção da informação do *Data Package*, tirando partido das suas virtualidades normativas e extensas áreas de sobreposição (MERGES et. al., 2008).

7

Data Package no direito internacional

Importa em seguida considerar o modo como a questão do *Data Package* e os direitos exclusivos sobre o seu conteúdo informativo têm sido tratados pelo direito internacional. Em causa estão questões muito específicas, relativamente às quais os princípios gerais do direito internacional e o costume internacional pouco ou nada dizem. A questão também está praticamente ausente da jurisprudência dos tribunais internacionais. Daí que nos devamos ater ao direito internacional convencional, procurando ir dando conta das orientações doutrinárias mais importantes. Iremos considerar, em primeiro lugar, o direito no seio da Organização Mundial de Comércio (OMC). Em seguida, analisaremos alguns desenvolvimentos mais recentes no direito internacional convencional regional e bilateral, nos domínios do investimento e do livre comércio. No direito internacional, a proteção do *Data Package* integra a questão mais ampla da tutela da propriedade intelectual à medida em que a economia mundial se assume como economia baseada no conhecimento.

7.1 Exclusividade de dados no Acordo TRIPS

7.1.1 *O sistema GATT/OMC*

Na primeira parte deste trabalho referiu-se a emergência dos direitos humanos como pedra de esquina de um constitucionalismo

76 | DIREITO À SAÚDE E QUALIDADE DOS MEDICAMENTOS

global ainda em expansão. Esse processo foi acompanhado pelo rápido aumento, intensivo e extensivo, dos fluxos de pessoas, mercadorias, serviços, capitais, informação e tecnologia a nível planetário, graças ao desenvolvimento dos transportes e das comunicações e do compromisso dos Estados no sentido da progressiva redução das barreiras às trocas transnacionais. No seu conjunto estes fenómenos tiveram um forte impacto nos sistemas jurídico e económico dos Estados, obrigando-os a transcenderem as suas fronteiras territoriais.

O *General Agreements on Tarifs and Trade* (GATT) foi estabelecido no rescaldo da Grande Depressão e da II Guerra Mundial, com o objetivo de promover a troca de bens e serviços entre Estados, criando as condições para um grau mais elevado de crescimento e integração económica. Ele surgiu na sequência dos esforços da cimeira de Bretton Woods, em 1944, que incluíram a criação do Fundo Monetário Internacional e do Banco Mundial. O GATT busca a eliminação gradual das barreiras aduaneiras e restrições quantitativas e qualitativas ao comércio, subordinando os Estados ao dever de não discriminarem entre bens e serviços nacionais e estrangeiros e entre bens e serviços estrangeiros dos vários Estados. É esse o sentido dos princípios da eliminação das restrições quantitativas à importação, do *tratamento nacional* e da *nação mais favorecida* (DiMATTEO, 2006, p. 141 ss). O sistema do GATT foi aprofundado por sucessivas rondas (ou rodadas) negociais, que reduziram significativamente as tarifas aduaneiras. A mais importante ronda negocial foi, de longe, a Ronda do Uruguai, que se prolongou entre 1986 e 1994. Esta conduziu ao que agora se designa por sistema GATT/OMC. Este integrou os princípios do GATT na arquitetura institucional da OMC criada em 1994. O objetivo continua a ser a liberalização progressiva do comércio internacional (VITZTHUM, 2008, p. 528).

Um aspeto do maior relevo foi a introdução de um Órgão de Resolução de Litígios, de natureza jurisdicional, através do qual se procura resolver os problemas comerciais entre Estados através de soluções jurídicas baseadas em critérios normativos universais e não apenas em soluções político-diplomáticas, porventura mais permeáveis às disparidades políticas e económicas entre os Estados. Os subscritores do sistema GATT/OMC aceitaram, por essa via, a sua subordinação a obrigações jurídicas vinculativas.

Uma corrente doutrinária que tem vindo a ganhar significativa influência nos últimos anos entende que o sistema de normas da OMC integra a *constituição económica internacional*, exprimindo a tendência atual de *constitucionalização do direito internacional*, que desde o fim da II Guerra Mundial tem afirmado prioridade dos valores substantivos sobre a soberania estadual e a legalidade formal. Esta orientação teórica promove a primazia dos direitos humanos à escala global, ao mesmo tempo que estabelece a sua ligação com a universalização dos valores da democracia, do Estado de direito, da boa governança e da liberdade das trocas comerciais. Estes valores seriam a base de uma alocação justa de direitos individuais, da distribuição de recursos escassos através da concorrência entre empresas e da correção estadual das falhas de mercado e da proteção dos interesses dos cidadãos contra as falhas da atuação governamental (PETERSMANN, 2003, p. 407 ss).

O constitucionalismo global parte do princípio de que a resolução de problemas globais (v.g. promoção dos direitos humanos, combate à pobreza; proteção do ambiente; combate às pandemias) exige a atuação concertada de entidades públicas e privadas, de acordo com os princípios típicos da tradição constitucional. À luz destes desenvolvimentos, as constituições nacionais seriam apenas *constituições parciais* (HÄBERLE, 2004, p. 315), que deveriam estar em sintonia crescente com os valores e os princípios de uma ordem normativa mundial estruturada com base em normas e instituições internacionais, legitimada a partir de princípios universais de justiça e direitos humanos e orientada para a limitação do exercício do poder à escala nacional e internacional (BACKER, 2009, p. 671 ss).

78 | DIREITO À SAÚDE E QUALIDADE DOS MEDICAMENTOS

7.1.2 *O sistema OMC/TRIPS*

Os direitos humanos e a liberalização das trocas comerciais integram hoje os valores do *constitucionalismo global*. Ao permitirem o desenvolvimento humano, social e económico, eles contribuem para a valorização do capital humano dos Estados. Isso aumenta a capacidade de criação e invenção de obras intelectuais e industriais e potencia o desenvolvimento científico e tecnológico da sociedade, acabando por confrontar as sociedades com a necessidade de proteger a propriedade intelectual. A criação e valorização do capital humano requer a proteção da liberdade e da propriedade, nos planos social, económico e intelectual (LAW, 2008, p. 1321).

Com o decorrer das décadas, desde a criação do GATT, a introdução da proteção da propriedade intelectual na agenda da Ronda do Uruguai afigurou-se inevitável. O tema passou a integrar definitivamente a *constituição económica transnacional*. O comércio internacional não poderia ser construído com base na pirataria e na cópia, lançando o caos e a anomia na economia global. Isso seria, inevitavelmente, uma fonte de tensões políticas e económicas acrescidas entre os Estados (FELDMAN, 2009, p. 145 ss). Além disso, dependendo o desenvolvimento económico cada vez mais do conhecimento e da informação, a criação de condições para um desenvolvimento sustentado e equilibrado exigiria uma maior preocupação com a propriedade e com o capital intelectual.

A violação sistemática do direito de propriedade intelectual constitui uma barreira ao aumento das trocas comerciais, à capacidade de atração de investimento estrangeiro e, por arrastamento, ao crescimento económico sustentável. Assim se compreende que, a par da criação da OMC, tivesse sido celebrado o Acordo TRIPS (*Trade-Related Aspects of Intellectual Property Agreement*), o tratado internacional que mais compreensivamente aborda a propriedade intelectual. Negociado entre 1987 e 1991, ele veio estabelecer níveis mínimos de proteção deste direito à escala global, de forma a facilitar o comércio e o investimento (VITZTHUM, 2008, p. 540).

A aplicação do TRIPS é um dos pré-requisitos da adesão à OMC (SANDERS, 2007, p. 897). A participação na liberalização do comércio mundial pressupõe o respeito pelos direitos de propriedade intelectual. A celebração deste acordo traduz o consenso a que foi possível chegar, no quadro de um equilíbrio de interesses multilateral. Os Estados desenvolvidos assumiram o compromisso de abrir os seus mercados aos produtos dos Estados em desenvolvimento e estes acordaram em garantir um nível mais elevado de proteção aos direitos de propriedade intelectual, nos domínios dos direitos de autor, das marcas e sinais distintivos do comércio e das patentes. Igualmente objeto de consideração foi a proteção de alguma informação cujo segredo seja comercialmente relevante. O Acordo TRIPS teve o mérito de procurar identificar e precisar os direitos de propriedade intelectual e de consagrar mecanismos institucionais e processuais para a sua efetivação (ANAWALT, 2003, p. 387 ss).

O Acordo TRIPS é geralmente considerado como tendo natureza contratual, baseando-se no princípio da mútua vantagem. Isso significa que a sua implementação incumbe, em primeira linha, ao legislador e à Administração, aos quais cabe uma margem de apreciação considerável na execução do tratado, no respeito pelos respetivos parâmetros literais e teleológicos (CANOTILHO, MACHADO, & RAPOSO, 2008, p. 61 ss). No entanto, sempre que isso seja compatível com a letra do TRIPS, o espírito deste tratado internacional impõe o reconhecimento da aplicabilidade direta das suas disposições. Este entendimento é o que melhor se adequa à sua intencionalidade normativa.

Por outras palavras, não se nega que aos Estados cabe uma margem de manobra razoável na sua execução. No entanto, essa margem de apreciação significa que os Estados podem inclusivamente conceder níveis mais elevados de proteção (artigo 1.º/1 do TRIPS). A mesma não confere aos Estados o poder de neutralizar e desativar as normas do TRIPS, mesmo por via interpretativa, de um modo que atente contra o seu objeto e fim. O Acordo TRIPS só faz verdadeiramente sentido se dele se puder retirar a necessária harmonização normativa e coerência interpretativa, especialmente quando estejam em causa

80 | DIREITO À SAÚDE E QUALIDADE DOS MEDICAMENTOS

aspetos centrais da disciplina jurídica da propriedade intelectual. Isso tem levado a doutrina e a jurisprudência a pronunciar-se no sentido da eficácia imediata de algumas disposições do TRIPS, especialmente quando as mesmas sejam suficientemente precisas, claras e determinadas (CANOTILHO & CASTRO, 2006, p. 786 ss.) e isso não ponha em causa o sistema constitucional de repartição e organização de competências e funções. À face do direito internacional, os Estados devem cumprir as obrigações que decorrem do objeto e fim dos tratados, interpretando-os e executando-os de boa fé[30]. Os mesmos não podem invocar o respetivo direito interno como justificação para o incumprimento dos tratados (ANAWALT, 2003, p. 387 ss).

O Brasil aprovou e promulgou o sistema da OMC, incluindo o Acordo TRIPS, em 1994, o qual foi incorporado na ordem jurídica interna através do Decreto Legislativo n.º 30, de 15 de Dezembro de 1994, e do Decreto n.º 1355, de 30 de Dezembro de 1994. Os decretos legislativos que incorporaram o Acordo TRIPS na ordem jurídica brasileira entraram em vigor na data da sua publicação. A partir de 1 de Janeiro de 1995 o Brasil passou a estar vinculado pelas obrigações internacionais constantes do mesmo. A este propósito, a doutrina brasileira tem sustentado que "[o] TRIPS, endereçando-se também aos súditos do Estado brasileiro, impondo-nos direitos ou atribuindo deveres, possui incondicionalmente todos os elementos para sua exeqüibilidade interna. É esta característica única dos tratados-leis que foi incorporada com plena eficácia ao sistema jurídico brasileiro em 1.1.95 pelo Decreto n.º 1.355, de 30.12.94" (LEONARDOS, 1999, p. 61).

Ou seja, também no Brasil as disposições do TRIPS vinculam o legislador e a Administração, devendo ser diretamente aplicáveis e justiciáveis sempre que se esteja diante de normas suficientemente claras, precisas e determinadas para poderem ser aplicadas pelos tribunais sem necessidade de qualquer interposição do legislador e da Administração.

---

[30] Convenção de Viena sobre o Direitos dos Tratados Entre Estados, de 1969, arts. 26.º e 27.º.

Ao promover a criação e proteção de direitos de propriedade sobre bens imateriais, o Acordo TRIPS pretendeu facilitar a sua transmissão e circulação, potenciando o investimento em investigação e desenvolvimento e a inovação. Para a indústria farmacêutica, o TRIPS assumiu o maior relevo, na medida em que veio determinar a patenteabilidade dos respetivos produtos. Até então, verificava-se em muitos casos a situação anómala de que o inventor dos produtos mais triviais podia gozar de um monopólio temporário, facilmente recuperando o seu investimento, muitas vezes diminuto, ao passo que quem investia milhões de dólares no combate às doenças, assim contribuindo para a promoção da saúde pública, via o resultado do seu esforço imediatamente apropriado por outros. O artigo 27.º do Acordo TRIPS veio determinar que, logo que se verifiquem os requisitos da patenteabilidade, as patentes devem ser concedidas, sem qualquer restrição e discriminação quanto ao local de invenção, ao domínio tecnológico e ao fato de os produtos serem importados ou produzidos localmente. Este aspeto reveste-se do maior relevo para a inovação no setor do medicamento. As patentes farmacêuticas criam monopólios temporários para as empresas de medicamentos de referência, protegendo avultados investimentos por elas realizados na investigação e no desenvolvimento de novos medicamentos. Naturalmente que esses monopólios temporários pretendem afastar os medicamentos genéricos do mercado durante alguns anos, por essa via contribuindo para a prática de preços mais elevados.

Sucede, porém, que os preços mais baixos praticados pelas empresas fabricantes de medicamentos genéricos se devem apenas ao fato de estas não terem que suportar quaisquer custos na investigação e no desenvolvimento. Diferentemente, o preço mais elevado dos medicamentos de referência incorpora os avultados custos com a investigação, o desenvolvimento e os testes que estiveram na sua origem e que, nalguns casos, inviabilizaram a utilização terapêutica de outros compostos químicos. Esse preço mais elevado é condição essencial para o reinvestimento em mais inovação, elemento inerente à garantia do direito à saúde a longo prazo. Os preços mais ou menos elevados dos

82 | DIREITO À SAÚDE E QUALIDADE DOS MEDICAMENTOS

medicamentos de referência ou genéricos não traduzem um menor ou maior apreço pelos direitos humanos ou pela saúde pública, mas apenas estruturas de custos completamente diferentes.

Naturalmente que a inovação depende de muitos outros fatores, que não apenas o sistema de patentes. Por exemplo, o segredo comercial pode ter igualmente um papel de relevo, para além da criação de outros incentivos sociais, económicos e financeiros ao investimento. A capacidade de atração do investimento estrangeiro também depende de outras variáveis, políticas, culturais, sociais, económicas, financeiras, tributárias, etc., para além do nível de proteção da propriedade intelectual (FINK, 2005). No entanto, mesmo quem não tem uma visão simplista e redutora sobre esta matéria não põe em dúvida a importância da proteção jurídica da propriedade intelectual para a inovação tecnológica e o estímulo ao investimento, com especial relevo para o domínio dos medicamentos.

A despeito do sucesso da abordagem multilateral, o TRIPS consagra apenas níveis mínimos de proteção dos direitos de propriedade intelectual. Nada obsta a que, mediante negociações ulteriores, e no quadro de outros equilíbrios de interesses, os Estados optem por reforçar a proteção alcançada no TRIPS. Os interesses e os objetivos estratégicos dos Estados são muito diferentes entre si, dificilmente podendo obter plena satisfação através de mecanismos multilaterais com aspirações globais. Como veremos mais adiante, o multilateralismo global tem vindo a coexistir com o multilateralismo regional e com o bilateralismo (SANDERS, 2007, p. 893). Também isso tem tido importantes implicações para o tema em análise.

7.1.3 Propriedade intelectual e saúde pública

Uma das questões mais controvertidas atualmente, no domínio do TRIPS, diz respeito à relação entre a propriedade intelectual e a saúde pública, ambos considerados direitos humanos fundamentais pelo direito internacional e pela generalidade dos direitos constitucionais

DATA PACKAGE NO DIREITO INTERNACIONAL | 83

nacionais, incluindo o brasileiro. O problema coloca-se em virtude de os direitos de propriedade intelectual criarem um monopólio temporário que permite a prática de preços supra-competitivos sobre os medicamentos, com claros custos para pacientes e contribuintes.

Sobre esta questão, o próprio Acordo TRIPS dá uma importante indicação textual. O artigo 8.º desta convenção dispõe, entre outras coisas, que "[o]s Membros podem, quando da elaboração ou alteração das respetivas disposições legislativas e regulamentares, adotar as medidas necessárias para proteger a saúde pública". Ou seja, o Acordo TRIPS, como não poderia deixar de ser, abre as portas para soluções razoáveis de acomodação do direito de propriedade intelectual com o direito à saúde dos indivíduos e a promoção do bem coletivo da saúde pública (YU, 2009, p. 992). No entanto, a mesma disposição não deixa de salientar que essa acomodação só pode ser levada a cabo "desde que essas medidas sejam compatíveis com o disposto no presente Acordo."[31]

A mesma lógica de ponderação proporcional de direitos e interesses pode ser encontrada noutras disposições do acordo. Por exemplo, o artigo 30.º também surge relacionado com as restrições aos direitos de propriedade intelectual. De acordo com este artigo, que tem como epígrafe as exceções aos direitos concedidos, "[o]s Membros poderão conceder exceções limitadas aos direitos exclusivos conferidos pela patente, desde que elas não conflituem de forma não razoável com sua exploração normal e não prejudiquem de forma não razoável os interesses legítimos de seu titular, levando em conta os interesses legítimos de terceiros." Um outro caso paradigmático diz respeito ao extenso artigo 31.º do Acordo TRIPS, respeitante a outros usos sem autorização do titular, disposição onde se encontra disciplinada a atribuição de *licenças compulsórias*, tantas vezes utilizadas abusiva-

---

[31] Panel Report, Canada – Patent Protection of Pharmaceutical Products, WT/DS114/R (Mar. 17, 2000).

mente para iludir as exigências da proteção da propriedade intelectual.

Uma diferença essencial entre o artigo 30.º e o 31.º do Acordo TRIPS prende-se com o fato de que, neste último artigo, a autorização é dada caso a caso, por um autoridade administrativa ou jurisdicional, ao passo que o primeiro se basta com uma autorização geral, formulada por via legal. A possibilidade de atribuição destas licenças surge, assim, fortemente condicionada, sem prejuízo da margem de manobra reconhecida ao legislador nacional (CANOTILHO, MACHADO, & RAPOSO, 2008, p. 56 ss).

Estes e outros artigos do TRIPS fazem uma referência expressa à necessidade de uma ponderação razoável e proporcional dos bens jurídicos em conflito que não comprometa dimensões essenciais da proteção da propriedade intelectual. Fica ao critério de cada Estado decidir quais as exceções permitidas pelo Acordo TRIPS que vai incluir na sua legislação interna. As mesmas constituirão uma violação da propriedade intelectual se não forem expressamente configuradas pela lei como uma exceção, a interpretar restritivamente e a carecer de uma fundamentação suficiente.

As exceções mais frequentes relacionam-se com a proteção da saúde pública, entre as quais se contam a exceção aplicada à experimentação e investigação (exceção Bolar) – autorizando a experimentação de um produto durante a vigência da patente e permitindo a solicitação de autorização da comercialização de um medicamento antes que expire a patente para poder colocar o produto no mercado no dia em que a patente expire – e a exceção relacionada com o esgotamento internacional de direitos – que considera que as faculdades dos titulares das patentes se extinguem quando o produto seja comercializado noutro país ou região, tornando possível a importação paralela ao melhor preço do mercado mundial, mesmo sem autorização do titular da patente. Em qualquer caso, as mesmas devem ser claramente consagradas, em termos que não comprometam a substância e a teleologia protetora do Acordo TRIPS.

O preço elevado dos medicamentos patenteáveis constitui um custo acrescido, difícil de suportar por parte dos Estados menos desenvolvidos, com repercussões na acessibilidade dos respetivos cidadãos aos medicamentos. No entanto, esses custos são apenas um dos fatores que afetam a qualidade da saúde das populações dos Estados menos desenvolvidos. A promoção da saúde pública depende de outras variáveis importantes, para além preço dos medicamentos, como sejam as condições de alimentação e nutrição, água potável, saneamento básico, tratamento de resíduos, condições de higiene e segurança no trabalho, proteção do meio ambiente, etc. O Estado tem muitas alternativas de intervenção eficaz na área da saúde pública, muito para além da violação da propriedade intelectual. Além disso, a prática temporária de preços supra-competitivos afigura-se essencial ao espírito inventivo e à remuneração dos investimentos realizados no desenvolvimento de produção de medicamentos inovadores de elevada qualidade. Ora, também isso constitui uma dimensão essencial da própria garantia do direito à saúde. Este, longe de ser apenas afetado negativamente pela proteção da propriedade intelectual, é também reforçado por ela.

Assim sendo, dificilmente se poderá culpar a indústria farmacêutica pelas crises de saúde dos Estados em desenvolvimento. Na verdade, não faria qualquer sentido culpar e penalizar precisamente as entidades privadas que mais investem na inovação dos medicamentos, cujos efeitos acabam, a prazo, por chegar a todos os Estados, tanto desenvolvidos, como em desenvolvimento (CHUNG, 13, 2006, p. 179). Acresce que muitos dos medicamentos necessários aos Estados em desenvolvimento nem se encontram já patenteados, na medida em que as patentes caducaram. Eles integram agora o domínio público, estando acessíveis ao mercado das empresas de medicamentos genéricos. Isto, sem negar que os Estados em desenvolvimento sofrem já de muitas doenças típicas dos Estados desenvolvidos, podendo necessitar de medicamentos com proteção patentária.

Do ponto de vista do artigo 8.º do TRIPS, as medidas de proteção da saúde pública, a despeito de servirem uma finalidade social ponde-

86 | DIREITO À SAÚDE E QUALIDADE DOS MEDICAMENTOS

rosa, digna da maior consideração, não podem, pura e simplesmente, obliterar a *ratio* protetora dos direitos de propriedade intelectual que está na base do Acordo TRIPS. Isto é o mesmo que dizer que a proteção da saúde pública não pode pôr em causa os direitos de propriedade intelectual relevantes. Como quer que seja, a discussão em torno da complexa relação entre a propriedade intelectual e o direito à saúde tem conhecido, nos últimos anos, importantes desenvolvimentos no seio do direito internacional dos direitos humanos.

7.1.4 A Declaração de Doha sobre saúde pública

Um desenvolvimento importante, na história dos efeitos do Acordo TRIPS, prende-se com a adoção, na Conferência Interministerial da OMC, de 2001, da chamada *Doha Declaration on TRIPS and Public Health*[32] (GATHI, 2002). A mesma procurou equacionar o sentido, alcance e limites da proteção da propriedade intelectual em situações de crise sanitária que afetam vastas populações em Estados em desenvolvimento, como é o caso de doenças infecciosas como a AIDS, a tuberculose ou a malária, em que a pronta acessibilidade dos medicamentos se assume como problema fundamental. Um dos temas críticos da Declaração de Doha é o das licenças compulsórias, reguladas no artigo 31.º do Acordo TRIPS, questão rodeada de intensa controvérsia desde a previsão desta figura na Convenção de Paris, de 1883, cuja utilização, dada a radicalidade do seu impacto restritivo e retroativo, deve ser marcada pela excecionalidade e pela prudência (FELDMAN, 2009, p. 137 ss).

Estando a capacidade de produção de medicamentos concentrada em Estados com maior rendimento, o artigo 31.º acabava por ter pouca utilidade para Estados de baixo rendimento. Em 30 de Agosto de 2003 foi adotado o §6 da Declaração de Doha, onde se reconhece de

---

[32] Adotada, em Doha, no Qatar, em 14 de Novembro de 2001, WT/MIN(01)/DEC/2, 20 November 2001.

forma explícita a necessidade de medicamentos dos países em desenvolvimento, e a situação delicada em que se encontram aqueles cuja ausência de capacidade de produção de medicamentos não lhes permite, sequer, fazer uso das licenças compulsórias[33]. O § 6 veio abrir as portas à importação de medicamentos quando a sua produção não seja possível, promovendo economias de escala, mediante a inserção do artigo 31.º A do TRIPS[34].

O significado normativo desta declaração não é inteiramente claro. Ao mesmo tempo que manifesta preocupação com a acessibilidade dos medicamentos, ela não deixa de reconhecer a importância da proteção da propriedade intelectual para o desenvolvimento e produção de medicamentos inovadores. Ao mesmo tempo que afirma que a proteção da propriedade intelectual não pode pôr em causa capacidade dos Estados para tomarem medidas de proteção da saúde pública, também esclarece que estas medidas não podem pôr em causa dimensões essenciais da propriedade intelectual. A Declaração de Doha sobre Saúde Pública configura, muito provavelmente, uma espécie de acordo interpretativo recomendando a adoção de uma lógica de ponderação de bens e de regimes flexíveis que, sem comprometer o objeto e as finalidades do Acordo TRIPS, consigam uma adequada harmonização e concordância prática entre a proteção da propriedade intelectual, essencial ao desenvolvimento de novos medicamentos, e a defesa da saúde pública, nomeadamente através da garantia do acesso universal aos medicamentos, com especial atenção para ameaças para a

---

[33] No § 6 da Doha Declaration lê-se: "we recognize that WTO members with insufficient or no manufacturing capacities in the pharmaceutical setor could face difficulties in making effective use of compulsory licensing under the TRIPS agreement,"

[34] Protocolo que altera o Acordo TRIPS, aberto para aceitação por parte dos membros até 1 de Dezembro de 2007 ou até uma data posterior que possa ser fixada pela Conferência Ministerial. O mesmo entra em vigor nos termos do n.º 3 do artigo X do Acordo OMC. Pode ser consultado no Jornal Oficial da União Europeia, L 311, 29-11-2007.

88 | DIREITO À SAÚDE E QUALIDADE DOS MEDICAMENTOS

saúde pública que configurem situações de emergência nacional e de extrema urgência.

A Declaração de Doha tornou explícita a metódica de ponderação e harmonização que está implícita nas várias cláusulas de salvaguarda do TRIPS. A mesma não pôs em causa a proteção patentária, o segredo comercial e a proteção de dados de ensaios. Se estes violassem o direito à saúde, como alguns dizem, a Declaração de Doha teria sido uma boa oportunidade de corrigir o assunto. No fundo, está-se perante o acolhimento de uma *teoria das restrições* aos direitos de propriedade intelectual e das *restrições às restrições*, que, visando a proteção de bens jurídicos fundamentais de uma dada comunidade, só admite restrições aos direitos de propriedade intelectual desde que as mesmas se afigurem razoavelmente adequadas, necessárias e proporcionais aos fins prosseguidos, devidamente fundamentadas e interpretadas restritivamente, não podendo pôr em causa dimensões essenciais dos direitos de propriedade intelectual. A mesma inclinou os pratos da balança a favor da saúde pública, quando isso seja necessário, embora sem anular a estrutura básica da ponderação de interesses realizada pelo TRIPS. Ao mesmo tempo, ela veio reforçar da margem de manobra dos Estados nessa matéria[35]. A intenção subjacente terá sido, sem dúvida, louvável. O único (mas muito importante) inconveniente da Declaração de Doha consiste em ter introduzido algum ruído adicional e alguma indeterminação num problema muito delicado, onde se devia privilegiar a precisão, a clareza, a determinação e a previsibilidade (FELDMAN, 2009, p. 142 ss).

Como resultado da Declaração de Doha, intensificou-se o recurso às licenças compulsórias, em Estados como Moçambique, Zâmbia,

---

[35] O § 5 da Declaração de Doha dispõe que "each member has the right to determine what constitutes a national emergency or other circumstance of extreme urgency." Não custa compreender o que a emergência de mais de 180 interpretações dessa cláusula, tantas quantos os membros da OMC, poderá significar para a viabilidade do sistema de proteção internacional da propriedade intelectual.

Zimbabué, Egipto, Eritreia, Gana, Ruanda, Malásia, Tailândia, Indonésia e Brasil. Da utilização das licenças compulsórias nas doenças infecciosas passou-se, nalguns casos, para as doenças crónicas. O risco de utilização oportunista, arbitrária e abusiva desta figura, aumentou exponencialmente, com as consequências negativas que isso implica para a economia e para a saúde globais. A mesma pode agora ser usada em situações que envolvam qualquer medicamento, para qualquer tipo de doença, incluindo a disfunção erétil, à margem de razões económicas realmente atendíveis, (FELDMAN, 2009, p. 149 ss). A polémica no Brasil em torno do Efavirenz é um exemplo paradigmático, na medida em que o Brasil é, em termos comparativos, um Estado com elevado poder económico e sem um problema particularmente grave de epidemia de HIV/AIDS, e nem assim deixou de recorrer às licenças compulsórias (FELDMAN, 2009, p. 163).

Por causa de exemplos como estes, o sistema de proteção internacional da propriedade intelectual encontra-se numa situação de risco de evolução degenerativa. O recurso às licenças compulsórias encontra-se hoje largamente à mercê do jogo político, da demagogia fácil, da pressão dos grupos de interesses e até da corrupção. A possibilidade de recorrer a esta figura serve, em muitos casos, como arma negocial, se não de chantagem, dos Estados menos desenvolvidos diante das empresas farmacêuticas, em ordem à obtenção de preços mais baixos ou de condições mais favoráveis de licenciamento voluntário. O resultado é uma cada vez maior dependência da proteção da propriedade intelectual de relações de poder e capacidade de barganha negocial, nos antípodas da primazia do direito (*rule of law*) que o sistema OMC e o Acordo TRIPS pretenderam estabelecer para o comércio internacional.

O Acordo TRIPS, apesar de admitir restrições aos direitos de propriedade intelectual tendo como fundamento indicações económicas e sociais, hoje em boa medida submetidas à proteção do direito internacional dos direitos humanos, é bem claro numa questão fundamental: a proteção da propriedade intelectual é a regra e a restrição à proteção é a exceção. A leitura que tem sido feita da Declaração de Doha ameaça inverter a posição dos termos. Não está em causa a legitimidade do uso das licenças compulsórias. O que se censura é tão somente o respetivo abuso. Por esta razão, deve insistir-se na ideia de que os Estados não podem, ao abrigo dos poderes de conformação que a Declaração de Doha reconhece, fazer perigar o objeto e o fim do TRIPS, com consequências deletérias, não apenas para a economia internacional, mas para a própria saúde pública global.

Este princípio aplica-se, não apenas às licenças compulsórias, mas também à resolução de outras questões críticas da propriedade intelectual da indústria farmacêutica, como sejam as das "patentes-*pipeline*", "*patent-linkage*", *Data Package*, prorrogação das patentes, etc. O desrespeito crescente pela propriedade intelectual pode travar a inovação no medicamento e inundar o mercado de medicamentos de qualidade inferior, não raramente fabricados em instalações insalubres, localizadas em Estados (v.g. Índia, China) que não garantem (e onde nem a Europa e os Estados Unidos conseguem garantir) condições mínimas aceitáveis de segurança (FELDMAN, 2009, p. 159). Além disso, ele diminui a capacidade de atração de investimento direto estrangeiro, enfraquecendo as perspetivas de crescimento económico e progresso social. Sem esquecer a ameaça iminente de agravamento das tensões políticas e de aumento das retaliações económicas.

Os medicamentos genéricos, apesar da sua qualidade inferior, revestem-se indubitavelmente da maior importância quando se trata de garantir o direito à saúde pública por via do acesso mais facilitado aos medicamentos. O baixo custo implicado na sua produção explica isso. Copiar medicamentos pré-existentes não custa. O que custa é desenvolver e testar princípios ativos novos, com qualidade, segurança e eficácia. No entanto, importa ter presente o fato de que são as empresas que produzem medicamentos de referência que mais investem na investigação e no desenvolvimento que torna possível a inovação nos medicamentos.

Este aspeto reveste-se da maior importância, na medida em que a garantia da saúde a longo prazo envolve, incontornavelmente, a permanência dos incentivos económicos ao investimento e à inovação.

Se esses incentivos forem postos em causa, em nome da proteção da saúde pública no curto prazo, é a garantia sustentada do direito à saúde, no médio e longo prazo, que sai irremediavelmente comprometida. E isso, sem dúvida alguma, representaria um rude golpe no direito à saúde (CHUNG, 13, 2006, p. 179). A violação de direitos de propriedade intelectual, em nome de critérios de saúde pública formulados a nível nacional, pode acabar por ameaçar a promoção sustentável da saúde pública global, incentivando as empresas a investirem unicamente em medicamentos para as doenças mais comuns nos Estados desenvolvidos que melhor protejam a propriedade intelectual (FELDMAN, 2009, p. 158 ss).

A Declaração de Doha, pretendendo ser uma clarificação do sentido das normas do Acordo TRIPS, não deve ser usada para desequilibrar a necessária ponderação razoável que deve ser realizada entre o direito de acesso aos medicamentos, por um lado, e, no outro prato da balança, o bem jurídico, inerente igualmente ao direito à saúde, da continuidade no financiamento do desenvolvimento e da inovação de medicamentos. Não está em causa, em primeira linha, a ponderação do direito à saúde com outros direitos e interesses. Está em causa, desde logo, a ponderação de dois interesses inerentes à realização do direito fundamental à saúde. Este ponto reveste-se de grande saliência para o tema que vamos tratar a seguir, respeitante à proteção dos dados do *Data Package* à luz do Acordo TRIPS. Uma das questões nucleares, nessa sede, prende-se com a exegese do artigo 39.º do TRIPS, com especial relevo para o n.º 3 deste artigo.

Do ponto de vista hermenêutico, este artigo, aparentemente simples e linear, coloca complexas e controvertidas questões, decisivas para a determinação do objeto, do sentido, da extensão e da duração da proteção do *Data Package*. No entanto, em vão procuraremos na Declaração de Doha uma resposta a essas questões (FELLMETH, 2004, p. 321). Esta declaração, à semelhança do que sucede com o próprio TRIPS, procura agregar múltiplos Estados, com diferentes graus de desenvolvimento económico e portadores de visões do mundo, ideologias e interesses diferentes e conflituantes. Por esse motivo, tanto o

92 | DIREITO À SAÚDE E QUALIDADE DOS MEDICAMENTOS

TRIPS com a Declaração de Doha têm uma linguagem vaga e compromissória, mais propensa a passar ao lado das questões fundamentais, do que a procurar resolvê-las.

Por causa da sua indeterminação linguística, o risco de utilização arbitrária e abusiva das cláusulas de salvaguarda previstas no Acordo TRIPS já é, em si mesmo, muito forte. Com a Declaração de Doha, ele tem vindo a aumentar exponencialmente, com consequências potencialmente devastadoras para a inovação no medicamento. Daí que haja que ter o maior cuidado em impedir uma interpretação excessivamente flexível e dúctil de cláusulas que devem ser de aplicação excepcional e fundamentada e objeto de interpretação restritiva. Também se impõe que, em medida crescente, seja a própria OMC a decidir sobre a interpretação e aplicação dos conceitos indeterminados, pondo fim ao subjetivismo e ao *oportunismo hermenêutico* dos Estados (FELDMAN, 2009, p. 163 ss).

A indeterminação conceitual reinante, a inexistência de interpretações definidas de forma centralizada pela OMC e a dificuldade em alterar os termos do Acordo TRIPS, dada a multiplicidade e diversidade de interesses dos Estados envolvidos, têm levado muitos Estados a procurar outras soluções de reforço da propriedade intelectual, pela via da celebração de tratados internacionais regionais e bilaterais de investimento e comércio livre.

7.1.5 *Acordo TRIPS e exclusividade de dados*

Os Estados mais desenvolvidos, com especial relevo para os Estados Unidos, vinham chamando a atenção para a necessidade de incluir a problemática do segredo comercial e da propriedade intelectual no âmbito do comércio internacional[36]. Entre os temas considerados, incluía-se a proteção dos dados dos ensaios clínicos. O Acordo

---

[36] *Suggestion by the United States for Achieving the Negotiating Objective*, WTO document MTN.GNG/NG11/W/14/Ver.1, of October 17, 1988.

TRIPS não previu um direito de exclusividade de dados com um alcance temporal tão amplo como aquele que resulta de outros instrumentos internacionais. No entanto, existe uma preocupação relevante com a questão da proteção do esforço realizado pelas empresas, no artigo 39.º/3 do mesmo diploma. Nas linhas que se seguem procuraremos esclarecer o sentido normativo desta disposição. Para isso iremos analisar todo o artigo 39.º do Acordo TRIPS. O mesmo consagra um direito de proteção dos segredos comerciais e do *"Know-how"* o qual, não sendo para todos conceitualmente reconduzível ao direito de propriedade intelectual, estabelece com ele uma importante relação teleológica e funcional (PRIESS, 2003, p. 599).

7.1.5.1 *Artigo 39.º/1 do TRIPS*

O artigo 39.º/1 do Acordo TRIPS tem como principal objetivo a garantia da concorrência leal no funcionamento do mercado. É nesse contexto que determina que "[a]o assegurar uma proteção efetiva contra a concorrência desleal, conforme previsto no artigo 10.º bis da Convenção de Paris (1967), os Membros protegerão as informações não divulgadas em conformidade com o disposto no n.º 2 e os dados comunicados aos poderes públicos ou organismos públicos em conformidade com o disposto no n.º 3." Em causa está o reconhecimento de que a titularidade de informação confidencial pode revestir-se da maior importância para a salvaguarda da vantagem comparativa na concorrência entre empresas, tendo por isso dignidade de proteção contra atos desleais de apropriação. A garantia da concorrência leal exige a proteção do segredo comercial e, no caso dos produtos farmacêuticos e agroquímicos, a proteção das informações comunicadas aos poderes públicos no procedimento de autorização de comercialização.

A doutrina tem o cuidado de sublinhar que se trata aqui de uma proteção *sui generis*, dirigida expressamente aos produtos farmacêuticos e aos produtos químicos destinados à agricultura, com um sentido e um alcance diferente dos do artigo 10.º/2 do TRIPS, do artigo

94 | DIREITO À SAÚDE E QUALIDADE DOS MEDICAMENTOS

2/5.º da Convenção de Berna e do 5.º da Convenção sobre proteção da propriedade intelectual da OMPI (WIPO), sobre a proteção de compilações e bases de dados (CARVALHO, 2005, p. 394 ss). A referência que é feita ao artigo 39.º/2/3 do TRIPS abre as portas à proteção dos segredos comerciais em geral e da proteção dos dados comunicados aos poderes públicos ou organismos públicos em especial. A mesma sugere que o que está em causa, na proteção de informação confidencial, não é apenas a prevenção de comportamentos desleais e desonestos na obtenção de informação confidencial, mas também a salvaguarda da vantagem comparativa das empresas diante dos seus concorrentes, no caso de os dados terem sido comunicados aos poderes públicos. Isto, de acordo com o princípio segundo o qual o Estado deve abster--se, na medida do possível, de interferir na posição relativa que os concorrentes, por força dos seus méritos comparativos, se encontram entre si. A informação confidencial integra a propriedade da empresa, conferindo uma autêntica pretensão de exclusividade, não podendo ser apropriada pelas autoridades públicas para conferir vantagens competitivas às suas concorrentes (CARVALHO, 2008, p. 245 ss).

7.1.5.2 *Artigo 39/2 do TRIPS*

O artigo 39.º/2 do Acordo TRIPS contém uma importante cláusula de salvaguarda dos segredos comerciais. Aí se determina que "[a]s pessoas singulares e coletivas terão a possibilidade de impedir que informações legalmente sob o seu controlo sejam divulgadas, adquiridas ou utilizadas por terceiros sem o seu consentimento de uma forma contrária às práticas comerciais leais desde que essas informações: a) sejam secretas, no sentido de não serem geralmente conhecidas ou facilmente acessíveis, na sua globalidade ou na configuração e ligação exatas dos seus elementos constitutivos, para pessoas dos círculos que lidam normalmente com o tipo de informações em questão; b) tenham valor comercial pelo fato de serem secretas; e c) tenham sido objeto de diligências consideráveis, atendendo às cir-

DATA PACKAGE NO DIREITO INTERNACIONAL | 95

cunstâncias, por parte da pessoa que detém legalmente o controlo das informações, no sentido de as manter secretas."

Nesta disposição são fornecidos os elementos tradicionalmente caracterizadores do segredo comercial, como sejam, a confidencialidade da informação, o seu valor comercial e a existência de passos razoáveis no sentido da manutenção da confidencialidade da informação. O objetivo é impedir a divulgação, aquisição e utilização da informação secreta comercialmente relevante por terceiros, sem o consentimento do respetivo titular. Nos seus elementos essenciais, o artigo 39.º/2 do Acordo TRIPS é suficientemente preciso para ser diretamente aplicável, sem necessidade de uma interposição legislativa interna. Esta poderá, contudo, justificar-se se e na medida em que vier aumentar o nível de precisão, clareza, determinabilidade e previsibilidade do quadro normativo relevante (CARVALHO, 2008, p. 266).

Alguma doutrina tem salientado que o espírito do artigo 39.º/2 do TRIPS consiste em promover as práticas comerciais honestas (BARBOSA P. M., 2009, p. 216). Como se viu no ponto anterior, a mesma insere-se na *ratio* do artigo 10.º bis, da Convenção de Paris, de proteção efetiva contra a concorrência desleal e de defesa dos usos honestos em matéria industrial ou comercial. Alguns autores consideram que a proteção do segredo comercial, constante do artigo 39.º/3 do TRIPS, é algo de inovador, relativamente ao artigo 10.º bis da Convenção de Paris (BARBOSA D. B., 2003, p. 71)[37]. No entanto, mesmo que de uma proteção explícita do segredo comercial não se possa falar, a propósito do artigo 10 bis da Convenção de Paris, a verdade é que se trata aí de uma cláusula ampla e de denotação não exaustiva, que é acompanhada do artigo 10 ter da mesma Convenção, que fala na necessidade de garantir todos os meios legais apropriados à repressão eficaz da concorrência desleal. Ora, o artigo 39.º do Acordo TRIPS mais não faz do que extrair importantes implicações da prevenção da concorrência

---

[37] Em sentido convergente, (CORREA, 1997, p. 181).

96 | DIREITO À SAÚDE E QUALIDADE DOS MEDICAMENTOS

desleal, estendendo-as a outros contextos, no pressuposto de que cada vez mais as vantagens comparativas das empresas assentam em bases imateriais e intelectuais, relacionadas com a informação e o conhecimento.

7.1.5.3 *Artigo 39.º/3 do TRIPS*

No seu artigo 39.º/3, na linha do disposto no n.º 1 do mesmo preceito, o Acordo TRIPS preocupa-se em acautelar aquelas situações em que informação não divulgada é comunicada aos poderes públicos. Trata-se de uma norma especial de proteção dos dados que as empresas têm de subordinar às autoridades no procedimento de autorização da comercialização dos seus produtos (PRIESS, 2003, p. 600). Aí se determina que "[s]empre que subordinem a aprovação da comercialização de produtos farmacêuticos ou de produtos químicos para a agricultura que utilizem novas entidades químicas à apresentação de dados não divulgados referentes a ensaios ou outros, cuja obtenção envolva um esforço considerável, os Membros protegerão esses dados contra qualquer utilização comercial desleal. Além disso, os Membros protegerão esses dados contra a divulgação, exceto quando necessário para proteção do público, ou a menos que sejam tomadas medidas para garantir a proteção dos dados contra qualquer utilização comercial desleal."

Imediatamente se observa que o âmbito de aplicação da norma diz respeito unicamente a produtos farmacêuticos e produtos químicos para a agricultura. Adota-se, aqui, uma técnica de taxatividade ou *numerus clausus*. Esta limitação tem como fundamento o fato de que em ambos os casos se está diante de produtos que, pelas suas características, envolvem riscos significativos para a saúde pública e o ambiente, exigindo por isso a realização de invulgarmente rigorosos, intensos e extensos ensaios prévios, com grande duração e custos avultados. A esses custos, somam-se os efeitos das limitações à patenteabilidade, constantes do artigo 27.º do Acordo TRIPS, com incidência em domínios como os novos usos e métodos terapêuticos, novas vias de administração, novas formulações, etc. (CARVALHO, 2008, p. 267).

Também não terá sido esquecido, na ponderação, que os medicamentos são frequentemente sujeitos a controlo de preços, pelo que nem sempre é fácil às empresas repercutir, no preço dos medicamentos, os custos incorridos nas fases de desenvolvimento e teste. Foram certamente estas as principais razões que terão justificado um regime específico para os produtos farmacêuticos e agroquímicos e a sua diferenciação relativamente a outros produtos, mesmo quando exigindo licenciamentos por motivos de segurança e saúde. A análise dos trabalhos preparatórios tem levado alguns a entender que se rejeitou deliberadamente a proteção de toda a informação confidencial apresentada aos poderes públicos em todos os domínios tecnológicos, embora as razões dessa rejeição não sejam inteiramente claras (CARVALHO, 2008, p. 268). Naturalmente que nada impede que os Estados, por via de tratado internacional ou legislação interna, alarguem a proteção dos dados de ensaios a produtos de outros setores tecnológicos.

O artigo 39.º/3 do TRIPS reveste-se da maior importância, na medida em que estabelece uma relação direta entre a concorrência desleal e a utilização de dados não divulgados, por via da consagração de um direito na titularidade dos detentores desses dados (SKILINGTON, 2003, p. 5). Antes de entrarmos na análise de alguns dos elementos mais controvertidos deste artigo, importa chamar a atenção para alguns aspetos gerais. Apesar de se falar também da autorização de produtos químicos para a agricultura, na nossa análise iremos centrar-nos no problema dos produtos farmacêuticos, que é o diretamente relacionado com o nosso trabalho.

Em primeiro lugar, o artigo 39.º/3 do Acordo TRIPS diz respeito, em boa medida, a informação não patenteável, na medida em que concerne essencialmente à demonstração da qualidade, segurança e eficácia dos medicamentos e não à sua novidade e salto inventivo. Desde logo, ele diz respeito aos ensaios pré-clínicos e clínicos, nas suas diferentes fases. Na sua maior parte, essa informação não cumpre os requisitos de patenteabilidade, porque se debruça sobre as caracte-

98 | DIREITO À SAÚDE E QUALIDADE DOS MEDICAMENTOS

rísticas e os efeitos do produto, sendo em boa medida obtida depois do depósito do pedido de patente (CARVALHO, 2005, p. 389). O teor literal do preceito refere-se ainda a outros dados, para além dos relativos a ensaios, desde que para a sua obtenção tenha sido realizado um esforço considerável. É o caso, nomeadamente, de fórmulas secretas e métodos secretos de produção, para dar apenas dois exemplos (CARVALHO, 2008, p. 292 ss).

Em segundo lugar, compreende-se apenas a informação que seja submetida às entidades públicas como pressuposto da autorização de comercialização do medicamento, não estando abrangida qualquer informação que tenha sido voluntariamente comunicada às autoridades, à margem de qualquer exigência legal ou administrativa, ou que se encontre no domínio público. A *ratio* da proteção da informação do *Data Package* consiste em compensar as empresas farmacêuticas pela sua subordinação a um conjunto de testes, prévios à autorização do medicamento, que representam custos significativos e que impedem a comercialização do produto durante uma boa parte da duração da proteção patentária.

Em terceiro lugar, este artigo não estabelece nenhum prazo mínimo ou máximo de proteção da informação constante do *Data Package*. Neste sentido, quer pela informação em causa, quer pela solução acolhida, o n.º3 do artigo 39.º do Acordo TRIPS aproxima-se da disciplina jurídica que caracteriza tradicionalmente o segredo comercial, tal como ele é definido no n.º 2 do mesmo preceito. Isto, sem prejuízo de se entender, como veremos adiante, que a norma em causa não proíbe a proteção temporária dos dados em causa. Em todo o caso, se houvesse motivo para considerar que a proteção do *Data Package* prevista em vários tratados regionais e bilaterais, e ordenamentos jurídicos nacionais, viola o Acordo TRIPS, ele seria, provavelmente, por esta proteção ser temporalmente limitada, ao passo que o artigo 39.º/3 do TRIPS menciona uma proteção sem limites temporais.

Finalmente, este artigo nada diz, de forma expressa, sobre a questão de saber se um Estado-membro deve impedir outro Estado-membro de usar informações utilizadas pelo primeiro no processo de autorização da comercialização do medicamento. Ele não protege explicitamente a informação que foi submetida às autoridades de um Estado estrangeiro, mas que é subsequentemente usada por uma autoridade administrativa para autorizar um medicamentos genéricos ou similares (CORREA, 2002, p. 73 ss). Por outras palavras, não resulta inequivocamente do teor literal do preceito a existência de um dever, por parte de um Estado-membro, de proteger dados recolhidos por outro Estado-membro, no caso de aquele confiar nos dados usados por este (BARBOSA P. M., 2009, p. 218).

No entanto, o apelo à interpretação sistemática e teleológica do TRIPS, atenta à sua *ratio* protetora, de prevenção do adimplemento, ou enriquecimento, à custa alheia (*free riding*), obriga a que se considere irrelevante a localização da produção dos dados como condição para a sua proteção (CARVALHO, 2008, p. 286). Tanto mais, quanto é certo que muitos dos dados são hoje produzidos em vários Estados, por subcontratação. Assim, sempre que uma autoridade sanitária conceda uma autorização a um medicamento com base em informação submetida a si própria ou a outra autoridade sanitária, há que aplicar o artigo 39.º/3 do Acordo TRIPS. Como se trata, apesar de tudo, de uma questão controvertida, alguns tratados bilaterais têm procurado consagrar normas que lhe respondam de uma forma expressa.

7.1.5.3.1 *Novas entidades químicas*

A exigência de proteção contra a utilização comercial desleal ou a divulgação dos dados não divulgados relativos a ensaios ou outros, que, nos termos do artigo 39.º/3 do Acordo TRIPS, impende sobre as autoridades públicas, aplica-se quando esteja em causa a aprovação da comercialização de produtos farmacêuticos que utilizem novas entidades químicas, orgânicas ou inorgânicas. Nem todos os produtos farmacêuticos ou agroquímicos são, por conseguinte, abrangidos por esta norma. Importa, por isso, clarificar o sentido desta expressão.

De acordo com a Food and Drugs Administration (FDA), numa definição preparada no quadro da *International Conference on Harmo-*

100 | DIREITO À SAÚDE E QUALIDADE DOS MEDICAMENTOS

nization (ICH), a substância nova de um fármaco, também designada como nova entidade química, ou nova entidade molecular, consiste num meio terapêutico designado que não foi registado em nenhuma região ou Estado membro. A mesma pode ser um complexo, um sal, ou éster simples de uma substância aprovada anteriormente[38]. Em virtude de se ter tornado um padrão para muitas entidades regulatórias em todo o mundo, alguma doutrina tende a recorrer a esta definição para clarificar o sentido das novas entidades químicas referidas no artigo 39.º/3 do Acordo TRIPS (CARVALHO, 2005, p. 397).

Novos usos terapêuticos, novos métodos de administração, novas dosagens, novas formulações ou novos pacientes não devem, em princípio, ser consideradas novas entidades químicas para este efeito (CARVALHO, 2008, p. 287 ss). Alguns questionam se os ésteres e os sais podem ser considerados novas entidades químicas, para este efeito, na medida em que não diferem significativamente das entidades originais. Uma importante corrente doutrinária sustenta que a interpretação que mais se adequa ao interesse público é aquela que identifica as novas entidades químicas com novos princípios ativos (BARBOSA P. M., 2009, p. 218). Essa posição terá sido mesmo adotada por alguma legislação interna[39]. No entanto, a conceito de nova entidade química deve ser interpretado em sentido amplo e não seletivo, abrangendo ingredientes ativos e não ativos, já que o artigo 30.º/3 do TRIPS não contém qualquer especificação ulterior sobre a respetiva função no medicamento. Este entendimento mais amplo do conceito de nova entidade química ainda é inteiramente compatível com uma interpretação literal do preceito.

A novidade relevante para este efeito não é a mesma que se exige para o registo de uma patente. O seu caráter absoluto ou relativo, do ponto de vista temporal ou especial, dependerá, acima de tudo, das

---

[38] *Federal Register* Vol. 62, 227, 25-11-1997.

[39] Assim sucede no artigo 181.º da Lei da Propriedade Industrial da República Dominicana, na versão posterior à alteração de 2006, na sequência do DR-CAFTA, assinado entre este Estado e os Estados Unidos da América.

opções do legislador nacional. No entanto, a adoção de um critério de novidade absoluta, que não aceitasse como nova uma entidade química que já tivesse sido divulgada, por qualquer modo, em qualquer parte do mundo, constituiria um risco inadmissível para a garantia do direito à saúde. É que isso permitiria o registo de genéricos e similares que provassem que o medicamento de referência foi registado em qualquer parte do mundo, incluindo Estados sem garantias efetivas de controlo sanitário e fármaco-vigilância (CARVALHO, 2008, p. 290). Ainda que isso fosse aceitável à luz do artigo 39.º/3 do TRIPS, certamente violaria outras disposições jurídico-internacionais e constitucionais garantidoras do direito à saúde.

No entanto, mesmo que tal entendimento possa adequar-se ao teor literal do preceito, é pelo menos duvidoso que a salvaguarda do interesse público exija uma conceção restritiva do conceito de nova entidade química. Isto, porque a investigação de novos usos terapêuticos para princípios ativos já existentes não é necessariamente menos importante, do ponto de vista da realização do direito à saúde, do que a descoberta de novos princípios ativos. A mencionada definição produzida no quadro da ICH, ao associar a nova substância farmacêutica ao ato administrativo de autorização do medicamento, aponta para um entendimento mais amplo do conceito de nova entidade química do artigo 39.º/3 do Acordo TRIPS, capaz de abarcar novos usos terapêuticos, novas dosagens ou novas formulações, sempre que os mesmos tenham que ser sujeitos a uma nova autorização (CARVALHO, 2008, p. 288 ss). Recorde-se que o ICH tem o mérito de ter como base os padrões mais elevados de controlo sanitário, compatíveis com a elevação dos padrões de cuidados de saúde que decorre do direito à saúde.

Do ponto de vista material, semelhante entendimento, mesmo não exigido pelo teor literal do preceito em análise, afigura-se pleno de sentido, à luz da promoção da saúde pública global. A investigação de um novo uso terapêutico não é necessariamente menos onerosa do que a investigação em torno de um novo composto químico. Pelo contrário, são possíveis situações em que a descoberta de um novo

102 | DIREITO À SAÚDE E QUALIDADE DOS MEDICAMENTOS

uso terapêutico para um princípio ativo já existente se revela tanto ou mais importante, e mais onerosa, do que a descoberta de um novo princípio ativo. O problema, neste domínio, é que os Estados membros da OMC gozam de uma certa margem de manobra na interpretação do conceito de novas entidades químicas, o que neutraliza substancialmente a sua normatividade (WEISFELD, 2006, p. 248).

O registo de novas entidades químicas tem um âmbito territorialmente circunscrito, na medida em que está dependente da informação prestada a entidades administrativas estaduais. Não obstante, nada impede que um Estado decida, unilateralmente ou por acordo, confiar no registo realizado noutro Estado. Os Estados em desenvolvimento tendem a confiar no registo feito pelas empresas farmacêuticas em Estados desenvolvidos. Assim é, porque confiam na qualidade dos controlos realizados por estes, reconhecendo que não têm capacidade para operar controlos tão ou mais rigorosos e fidedignos.

Do ponto de vista do artigo 39.º/3 do Acordo TRIPS, sempre que assim é as autoridades sanitárias dos Estados em desenvolvimento devem tratar os dados em que os Estados desenvolvidos se apoiaram para autorizar a nova entidade química como dados confidenciais, enquanto essa confidencialidade decorrer do quadro normativo pertinente (CARVALHO, 2005, p. 398). Para efeitos do artigo 39.º/3 do TRIPS, o local em que a informação de ensaios foi produzida é irrelevante. Nos casos em que se verifica a divulgação ilegal dos dados por um Estado e daí resulta a utilização desses dados por outro Estado, parece não existir qualquer outra via jurídica plausível que não a interposição de uma ação de responsabilidade civil extracontratual contra o Estado infrator, verificados os pressupostos substantivos e processuais pertinentes (CARVALHO, 2005, p. 398.).

7.1.5.3.2 *Esforço considerável*

O artigo 39.º/3 do TRIPS estabelece a proteção da informação dos testes e outros dados, quando a sua obtenção envolva um esforço considerável. Esta norma reveste-se da maior importância, considerando os custos cumulativos crescentes envolvidos em prolongados ensaios pré-clínicos e clínicos exigidos para a comprovação da qualidade, segurança e eficácia. A proteção concedida abrange a divulgação e a utilização comercial injusta. Ela pretende estabelecer uma relação de proporcionalidade direta entre a obrigação de proteção da informação não divulgada e o esforço realizado para a sua obtenção, no pressuposto de que quanto maior é o investimento realizado, mais forte é a expectativa a ele associada (*investment-backed expectation*) e maior será o valor da vantagem competitiva conferida por essa informação. Daí que a questão da medida do esforço envolvido se revele decisiva neste contexto (CARVALHO, 2008, p. 295).

O esforço considerável tem que ser medido não apenas em termos estritamente contabilísticos, mas também em termos económicos ou de oportunidade. Além disso, ele deve abranger mesmo os custos envolvidos na obtenção de informação negativa sobre as propriedades não terapêuticas e os efeitos secundários de alguns elementos químicos. Igualmente relevante pode ser a dificuldade científica e tecnológica envolvida, bem como a extensão e intensidade das experiências realizadas. O importante é que a determinação da realização de um esforço considerável seja devidamente medida e quantificada, com base em indicadores económicos, científicos e tecnológicos objetivos.

De acordo com o TRIPS, aos Estados cabe uma margem indeclinável de manobra na conformação do conceito de "esforço considerável". Com efeito, o Acordo TRIPS concede alguma latitude aos Estados relativamente ao modo como as obrigações do tratado devem ser executadas. Isto significa que os Estados acabarão por ter um papel importante na determinação do nível de proteção dos dados dos ensaios pré-clínicos e clínicos, para efeitos da aplicação do artigo 39.º/3 do Acordo TRIPS (BARBOSA P. M., 2009, p. 218). No entanto, o artigo 31.º da Convenção de Viena sobre os Tratados entre Estados, de 1969, determina que os tratados devem ser interpretados de boa-fé, segundo o sentido comum atribuível aos termos do tratado e à luz do seu objeto e fim. Ou seja, se um dos principais objetivos do artigo 39.º/3 do Acordo TRIPS consiste em impedir a concorrência desleal por via da apropriação, por uma empresa concorrente, do resultado do esforço

104 | DIREITO À SAÚDE E QUALIDADE DOS MEDICAMENTOS

considerável de outrem, adquirindo uma posição competitiva à custa dele, então a interpretação a dar à cláusula "esforço considerável" não pode ser tão elástica que permita uma degradação substancial da posição de vantagem competitiva de quem realizou esse esforço.

A densificação do conceito de "esforço considerável" deve ser levada a cabo com base em critérios objetivos, e não com base numa apreciação impressionista e subjetiva. Só assim se minimizarão as possibilidades de sobre- ou sub-valorização do esforço realizado por parte das diferentes empresas interessadas. O dever internacional de proteger a informação contida no *Data Package* existe quando a sua obtenção tenha envolvido um esforço considerável. Essa determinação, feita pelo legislador nacional ou pela entidade administrativa sanitária competente, deverá ter um fundamento objetivo sólido, mensurável e controlável.

Importa saber, neste contexto, quem é que tem o ónus da prova de demonstrar a existência de um esforço considerável. Na verdade, uma das questões mais controversas em torno do conceito de esforço considerável prende-se com saber se devem ser as empresas de medicamentos genéricos a demonstrar que a informação dos testes foi obtida sem um esforço considerável ou, pelo contrário, se são as empresas produtoras de medicamentos de referência que têm que provar que a informação apresentada às autoridades foi obtida com esforço considerável. Por outras palavras, o esforço considerável deve ser presumido, ou deve presumir-se a ausência de um esforço considerável? Em nosso entender, tudo indica que quem pretende usar os dados para obter a autorização de comercialização de um medicamento genérico ou similar é que tem que provar que a obtenção dos mesmos não envolveu um esforço considerável. Quando muito poderá sustentar-se que a entidade sanitária, que teve acesso aos testes, pode fornecer oficiosamente elementos de prova necessários à resolução objetiva e justa da questão. Também não está excluída a possibilidade de os tribunais poderem solicitar informação às empresas de medicamentos de referência, se estiverem convencidos da sua existência e relevância probatória.

7.1.5.3.3 *Utilização comercial desleal*

O Acordo TRIPS protege os dados fornecidos no procedimento de autorização do medicamento, cuja obtenção tenha implicado um esforço considerável, de qualquer *utilização comercial desleal*. A expressão "utilização" é suficientemente ampla e abrangente, para incluir usos que não pretendam explorar comercialmente essa informação. No entanto, a expressão chave do preceito em análise é constituída pelas palavras "comercial desleal". A respeito desta disposição, a nota 10 ao artigo 39.º do TRIPS esclarece que a expressão «de uma forma contrária às práticas comerciais leais» designará, pelo menos, "práticas como a rutura de contrato, o abuso de confiança e a incitação à infração, incluindo a aquisição de informações não divulgadas por parte de terceiros que tinham conhecimento de que a referida aquisição envolvia tais práticas ou que demonstraram grave negligência ao ignorá-lo."

Com este entendimento, o artigo 39.º/3 do Acordo TRIPS dirige a sua força normativa contra a utilização desleal da informação confidencial, procurando identificar a sua violação com aquelas práticas que o mercado geralmente considera desonestas e fraudulentas. De um modo geral, entende-se que a proibição em causa não abrange utilizações comerciais leais, que não envolvam, nomeadamente, ruturas contratuais, abuso de confiança ou incitamento à infração. Isso é claro, por exemplo, quando se esteja perante práticas como a espionagem industrial, a corrupção, etc.

Note-se, porém, que não se trata aqui de uma matéria isenta de controvérsia. A maior ou menor latitude conferida à expressão "utilização comercial desleal" reflete os conflitos de interesses e agendas em presença (SELL, 2002, p. 200). Nalguns casos, a identificação das utilizações comerciais leais é uma questão relativamente consensual. Pense-se, por exemplo, na utilização da informação por uma entidade privada, contratada para certificar a informação prestada pelas empresas produtoras de medicamentos de referência. Um outro exemplo de utilização comercial legítima seria aquela que resulta das relações contratuais entre empresas. Este também não levanta qualquer reparo.

106 | DIREITO À SAÚDE E QUALIDADE DOS MEDICAMENTOS

Pelo contrário, deve ser encorajada, pelas autoridades, a celebração de contratos entre as empresas produtoras de medicamentos de referência e de genéricos que autorizem a utilização da informação obtida durante testes e estudos, contra o pagamento de uma remuneração adequada. Noutros casos, porém, a questão de saber se se está, ou não, perante uma utilização comercial leal está longe de ser clara, do ponto do doutrinal.

Como já vimos, alguma doutrina considera que o artigo 39.º/3 do TRIPS não proíbe expressamente a autorização, pelas autoridades administrativas competentes, da comercialização de medicamentos genéricos, com base em autorizações já concedidas no estrangeiro ou na informação já existente na literatura científica relevante (REICHMAN, 2009, p. 65). De acordo com este entendimento, esse seria um caso de utilização comercial leal inteiramente legítimo. No entanto, tal entendimento é rejeitado por outros autores, na medida em que o artigo 39.º/3 do TRIPS não faz qualquer distinção quanto ao local onde os dados foram obtidos ou onde o medicamento foi autorizado (CARVALHO, 2005, p. 398). Além disso, uma interpretação teleológica do TRIPS, atenta ao seu espírito protetor da propriedade intelectual, apontaria para que também isso se considerasse vedado pelo TRIPS, na medida em que aí se estaria a permitir a uma entidade que beneficiasse do esforço e do investimento realizado por outra, ainda que noutro país. No mesmo sentido milita a intenção do TRIPS de reforçar a proteção da propriedade intelectual no plano jurídico internacional, precisamente por reconhecer a insuficiência de soluções dominadas pelos princípios da soberania estadual, da territorialidade e da nacionalidade. Pelo que não é certo que se trate aí de um exemplo bem sucedido de uma utilização comercial legítima, compatível com o objeto e o fim do TRIPS.

Uma outra instância de utilização comercial leal seria, também aqui para uma parte da doutrina, a concessão de uma licença compulsória. Na medida em que as licenças compulsórias, pela sua própria natureza, neutralizam a relação normal de concorrência entre as empresas, a utilização da informação exclusiva não teria um relevo competitivo, não traduzindo uma utilização comercial desleal para efeitos do artigo 39.º/3 do TRIPS[40]. Isto, para além de que a licença compulsória é uma medida excecional, produtora de um forte impacto económico retroativo, a conceder a entidades que satisfaçam um conjunto exigente de pressupostos, contra o pagamento de uma quantia pecuniária adequada, sendo que a existência de informações confidenciais pode e deve ser tida em conta na determinação do respetivo montante (CARVALHO, 2005, p. 395 ss).

A possibilidade de exclusão das licenças compulsórias por efeito dos direitos exclusivos sobre a informação dos testes não foi expressamente prevista, como sucede no artigo 21.º do TRIPS relativo às marcas registadas, nem seria facilmente compatível com a Declaração de Doha sobre a Saúde Pública. Isto, sem prejuízo de a questão estar longe de ser líquida. Com efeito, a questão não foi claramente respondida pela Declaração de Doha (BAKER, 2008, p. 323). As patentes e os direitos exclusivos sobre o *Data Package* são direitos de propriedade intelectual com um fundamento, um objeto e uma função autónomos e diferenciados. Por seu lado, as licenças compulsórias constituem uma séria limitação ao direito patentário, que deve ser entendida como excecional, limitada e passível de interpretação restritiva.

Daí que não seja compreensível, do ponto de vista da dogmática das restrições aos direitos humanos, que uma restrição a um direito fundamental autorize, sem mais, a restrição de outro direito, especialmente quando se trata aí de um direito autónomo e diferenciado,

---

[40] Pronunciando-se no sentido da admissibilidade de licenças compulsórias durante o período de proteção de exclusividade de dados, veja-se *Communication from the European Communities and their Member States – The Relationship Between the Provisions of the TRIPS Agreement and Access to Medicines*, WTO-Document IP/C/W280, at June 12-2001. Aqui se diz, a propósito do artigo 39.º/3 do TRIPS, que "The provision should certainly not be interpreted in such a way as to weaken or nullify members rights under other articles of the Agreement, such as the "fast track" procedure in case of emergency forseen under article 31.º b), which is a recognition of the need, in certain circunstances, for compulsory licences to be given immediate effect".

108 | DIREITO À SAÚDE E QUALIDADE DOS MEDICAMENTOS

quanto ao objeto, ao fundamento e à função. Como se disse, as patentes têm como fundamento o incentivo e a compensação do investimento realizado na produção de bens inovadores, com salto inventivo e aplicação industrial, no pressuposto de que isso serve os interesses da comunidade a médio e longo prazo. Diferentemente, os direitos exclusivos sobre o *Data Package* têm como finalidade a proteção da informação gerada, por imposição administrativa, na demonstração da qualidade, segurança e eficácia dos medicamentos. O fato de as licenças compulsórias poderem quebrar a proteção patentária não significa, só por si, que possam quebrar outros direitos exclusivos, na falta de uma previsão expressa nesse sentido.

A doutrina mais autorizada tem sustentado que o sentido interpretativo que liga o conceito de concorrência desleal às práticas comerciais desonestas, deve ser considerado do maior relevo na leitura do artigo 39.º/3 do Acordo TRIPS, na medida em que mantém o sentido que lhe é dado noutras partes do artigo 39.º. Existiria, assim, uma coerência interpretativa interna sobre o sentido a atribuir ao conceito de concorrência desleal em todo o artigo 39.º do TRIPS (CARVALHO, 2005, p. 392). A ser aceite este entendimento de uma forma estrita, o preceito em causa proibiria apenas os comportamentos competitivos intencionalmente desonestos, desleais e fraudulentos. Diferentemente seriam as coisas diante de um procedimento em que uma autoridade administrativa se limitasse a autorizar um produto genérico ou similar por referência à informação existente sobre o produto de referência. Neste caso, não existiria, por parte da empresa de genéricos ou similares, qualquer comportamento desonesto ou fraudulento. Haveria, quando muito, uma transferência de valor operada pela autoridade estadual, que permitira a uma empresa obter uma vantagem competitiva à custa de outra. Existiria uma situação de *free ride*, sem que isso, só por si, fosse imediatamente censurável.

Embora se aceite, em termos gerais, a razoabilidade *prima facie* desta posição, parece-nos importante salientar a necessidade de colocar a questão num quadro hermenêutico mais vasto. Para isso, importa chamar a atenção para a existência, na referida nota 10, de um elenco *não taxativo* de práticas denotadoras do conceito de concorrência desleal. Ou seja, mesmo de acordo com a nota 10, o conceito de práticas comerciais desleais é compatível com outras condutas, sendo legítima a sua ulterior ampliação. Além disso, importa chamar a atenção para o fato de que a expressão "utilização comercial desleal" tem, não apenas uma dimensão subjetiva, mas também uma dimensão objetiva, associada aos valores e princípios do direito da concorrência e dos demais ramos do direito público económico. Por outras palavras, a utilização comercial leal não se preocupa apenas com a determinação, no plano subjetivo, da presença de uma *reta intenção* (*recta intentio*) por parte das empresas concorrentes, mas também com a questão de saber se elas, objetivamente, se prevaleceram do esforço realizado por outros, sem para isso fazerem qualquer contribuição, ou sem que se preveja um direito a uma remuneração adequada (CARVALHO, 2008, p. 281).

À luz dos princípios jurídicos clássicos segundo os quais *a justiça consiste em dar a cada um o que lhe é devido* (*suum quique tribuere*)[41] e de que *usufrui dos benefícios de uma coisa deve contribuir para os respetivos custos* (*ubi commoda ibi incommoda*), e do imperativo, que o direito da concorrência faz impender sobre os poderes públicos, de garantia imparcial de um plano nivelado para a concorrência das diferentes empresas, deve afirmar-se que o fato de, na autorização de medicamentos genéricos, se permitir que uma empresa retire benefícios da informação confidencial gerada com o esforço económico de outrem também se afigura contrário às "práticas comerciais leais". Estas não consistem, apenas, na expressão de uma atitude de lealdade, ou na presença de uma reta intenção, puramente subjetiva, por parte das empresas de genéricos e similares que beneficiam da autorização administrativa baseada na informação do *Data Package* da empresa de referência.

---

[41] Veja-se, no Direito Romano, a conhecida formulação justinianeia, em Inst. 1.1.3.; "Iuris praecepta sunt haec: honeste vivere alterum non laedere **suum cuique tribuere**".

110 | DIREITO À SAÚDE E QUALIDADE DOS MEDICAMENTOS

Diferentemente, a "utilização comercial leal" exige, no plano objetivo, que a posição relativa em que se encontram as empresas em concorrência dependa unicamente dos respetivos méritos e deméritos e que as condições concorrenciais sejam iguais para todas elas, sem que o Estado possa abandonar o seu dever de neutralidade e imparcialidade, falseando a concorrência ao distribuir custos e benefícios de forma arbitrária. As normas que protegem o direito da concorrência vinculam não apenas as empresas que concorrem entre si, mas também os poderes públicos que disciplinam e regulam a concorrência entre empresas. Elas pretendem evitar que, por ação dos poderes públicos, uma empresa concorrente acabe por beneficiar, mesmo que indiretamente, da existência de dados recolhidos, com esforço significativo, por outra empresa, anulando a respetiva vantagem comparativa. Isso configuraria uma situação de enriquecimento sem causa, que não poderia ser considerada uma utilização comercial leal no sentido objetivo do termo (CARVALHO, 2008, p. 271). A interpretação do conceito de "utilização comercial leal" não pode desvincular-se da *ratio* do direito da concorrência globalmente considerado. Ora, intimamente relacionado com o conceito de concorrência desleal está o conceito de concorrência falseada, sendo que os poderes públicos podem contribuir decisivamente para falsear a concorrência.

Com efeito, o conceito de "utilização comercial leal" tem, não apenas uma dimensão subjetiva, precludindo as empresas de recorrerem a condutas ilegais, desleais e desonestas, mas também uma dimensão objetiva, obrigando os poderes públicos a manter plano o campo de jogo (*level playing field*) onde se trava a competição entre as empresas. Este aspeto integra hoje o âmbito de aplicação do artigo 39.º/3 do Acordo TRIPS (CARVALHO, 2008, p. 263 ss). O direito da concorrência tem como objetivo combater tanto a concorrência desleal como a concorrência falseada, na medida em que uma e outra frustram a competição leal entre as empresas e conduzem a resultados manifestamente injustos, travando o crescimento económico e a inovação (ABBOTT, 2008 / 2009, p. 28).

No direito da concorrência, as condições de liberdade e igualdade no mercado, tanto podem ser postas em causa por ação das empresas (v.g. espionagem, carteis, abusos de posição dominante, concentrações), como por ação dos poderes públicos (v.g. omissão de controlo estadual da infrações de privados, ajudas de Estado) (SCHÄFER, 2006, p. 244 ss). O significado inerente ao conceito de "unfair competition", tanto é compatível com a ideia de concorrência desleal, como com a de concorrência falseada e injusta, mesmo que se fique a dever à ação das autoridades públicas.

O artigo 39.º/3 do Acordo TRIPS pretende ter como principais destinatários, não tanto as empresas concorrentes em si mesmas, mas aquelas autoridades públicas que, por causa do exercício das suas funções administrativas, reguladoras e judicativas, têm acesso a informações cuja utilização não consentida possa minar a posição de vantagem comparativa que nelas se fundamenta e, por essa via, distorcer a concorrência. O artigo 39.º/3 do TRIPS dirige-se, em primeira linha, às autoridades públicas, partindo do princípio de que, mesmo que não exista qualquer conduta desleal por parte das empresas em concorrência, é possível que os poderes públicos, pela sua conduta, possibilitem a utilização injusta, e falseadora da concorrência, da informação que lhes é submetida no procedimento de aprovação de medicamentos.

As autoridades sanitárias não se dedicam à comercialização da informação do *Data Package*, tanto mais que se trata de informação específica, relevante para aferir a qualidade, segurança e eficácia de medicamentos específicos. A utilização que as mesmas podem fazer da informação que tem efeitos nas relações comerciais ocorre, precisamente, no procedimento de autorização de comercialização de medicamentos genéricos e similares (CARVALHO, 2008, p. 271). A utilização, por parte das autoridades públicas, durante o tempo de duração da exclusividade de dados, das informações fornecidas pelas empresas produtoras de medicamentos de referência, sem o respetivo consentimento, para autorizar a comercialização de medicamentos genéricos e similares constitui uma forma de falsear a concorrência.

112 | DIREITO À SAÚDE E QUALIDADE DOS MEDICAMENTOS

Ela permite às empresas que pretendam colocar no mercado produtos que concorram com outros já existentes, a fácil e rápida remoção das barreiras de entrada nesse mercado. As mesmas limitar-se-iam a apresentar demonstrações de bioequivalência dos seus medicamentos com os medicamentos de referência. E tudo isso à custa do esforço desenvolvido pelas concorrentes, sem o respeito por um prazo razoável que lhes permita tirar todos os benefícios económicos e concorrenciais do esforço desenvolvido na recolha dos dados obtidos durante as fases de testes. Isso configura, indiscutivelmente, uma situação de enriquecimento sem causa, com o apoio dos poderes públicos, à margem dos princípios jurídicos há muito sedimentados. Quando isso aconteça, as autoridades públicas estão a permitir a utilização comercial, violando a proibição do artigo 39.º/3 do Acordo TRIPS (CARVALHO, 2005, p. 392).

Do ponto de vista do direito da concorrência, o fato de a autoridade administrativa não comunicar os dados à empresa concorrente e se limitar a autorizar o seu produto com base na existência de um *Data Package*, é irrelevante. Para a empresa de medicamentos genéricos e similares, o maior benefício económico é obtido, justamente, quando lhe é autorizada a introdução de um medicamento genérico ou similar no mercado, sem ter que fazer ensaios clínicos nem ter, sequer, que perder tempo a ler e a estudar a informação contida no *Data Package*. Do ponto de vista competitivo, o ideal, para as empresas de genéricos e similares, é poder retirar todo o benefício económico da informação dos ensaios pré-clínicos e clínicos do medicamento de referência, sem ter sequer o encargo e a responsabilidade de a analisar. Para elas não é tanto a divulgação da informação em si mesma que interessa, mas tão só a possibilidade comercializar as suas cópias, sem ser obrigado a suportar o custo de reproduzir, ler e estudar essa informação. Para as empresas de genéricos e similares essa é a transferência de valor que serve os seus interesses. É ela que lhes permite viajar sem pagar (*free ride*), retirando o máximo benefício económico à custa do investimento realizado pela sua concorrente, neutralizando completamente a respetiva vantagem competitiva (CARVALHO, 2008, p. 271).

Estabelecer a possibilidade de viajar sem pagar nos transportes públicos pode fazer todo o sentido, do ponto de vista da solidariedade social, quando se trate, por exemplo, de pessoas maiores de 65 anos, em larga medida reformadas e auferindo de parcos recursos (CARVALHO, 2008, p. 270 ss). A medida pode ter a vantagem adicional de diminuir o número de idosos a conduzir automóveis nas estradas, reduzindo o risco de acidentes de viação. No entanto, situação inteiramente diferente é permitir que empresas de medicamentos genéricos e similares, que concorrem com as empresas de medicamentos de referência, viajem de graça à custa do investimento realizado por estas. Tanto mais que, nesse caso, isso pode ter importantes efeitos atenuantes da sua responsabilidade, se os medicamentos produzidos se vierem a revelar nocivos para a saúde pública. Numa situação de concorrência económica, permitir, sem qualquer compensação, que uma empresa concorrente tire partido do trabalho e do investimento da outra, ignorando as expectativas associadas a esses investimentos, é uma solução incompatível com princípios fundamentais de justiça, produzindo por isso significativos custos e económicos e *custos de desmoralização* (MICHELMAN, 1967, p. 1165 ss).

Para a empresa que produziu a informação durante a fase de testes, esta não tem valor em si mesma, mas apenas por conta da vantagem comparativa que lhe concede. A partir do momento em que essa informação é utilizada, pela autoridade administrativa, para autorizar a introdução no mercado de um medicamento concorrente, o valor económico inerente a essa vantagem comparativa é totalmente destruído (CARVALHO, 2008, p. 259 ss). Mesmo sem a divulgação da informação propriamente dita, a autorização dos medicamentos genéricos e similares com base no *Data Package* transfere para as empresas produtoras desses medicamentos toda a utilidade económica inerente ao *Data Package*.

De um ponto de vista concorrencial, esse é o *uso comercial* da informação de testes que interessa às empresas de genéricos e similares, na medida em que altera substancialmente a posição competitiva em que as mesmas se encontram relativamente à empresa de medicamentos de referência. As empresas de genéricos e similares não se preocupam, minimamente, com o *Data Package*, de cujo conteúdo nunca terão pleno conhecimento, em virtude da amplitude da sua dimensão física e elevada densidade informativa. A preocupação com a qualidade, segurança e eficácia dos medicamentos está claramente em segundo plano quando se permite a cópia precoce de medicamentos inovadores sem uma criteriosa análise dos resultados dos ensaios clínicos. As empresas de genéricos e similares ficam plenamente satisfeitas se virem os seus produtos autorizados pelo simples fato de o *Data Package* já ter sido apresentado pela empresa produtora de medicamentos de referência. Com isso, elas obtêm a realização dos seus desígnios anti-competitivos, de obtenção de lucros à custa dos elevados investimentos realizados por outros, e ficam ainda mais satisfeitas se tiveram para isso a necessária legitimação administrativa.

As empresas de genéricos e similares querem poder retirar o benefício económico da informação, sem serem obrigadas, sequer, a fazer o esforço de tomar conhecimento do seu conteúdo. Para elas, essa será a situação ótima que lhes permitirá obter os maiores benefícios, com os menores custos. O importante não é ter acesso à informação do *Data Package* propriamente dita. O grau máximo da vantagem competitiva consiste em poder beneficiar economicamente da existência de um *Data Package*, vendo os próprios medicamentos autorizados pela entidade administrativa competente, sem ter que realizar ensaios clínicos e sem ter sequer que proceder ao estudo desse *Data Package*.

Pelo que, do ponto de vista económico e concorrencial, não faz sentido dizer que a autoridade administrativa se limita a usar o *Data Package* sem revelar o seu conteúdo e sem violar o artigo 39.º/3 do TRIPS. Isso é exatamente o que as empresas concorrentes, produtoras de genéricos e similares, querem ouvir. Elas ficarão plenamente satisfeitas se colherem todos os benefícios económicos da existência do *Data Package* sem ter que suportar qualquer custo, nem realizar, ao menos, o esforço de ler a informação relevante. Muito menos querem elas envolver-se em atividades desonestas e ilícitas de suborno ou espionagem industrial.

DATA PACKAGE NO DIREITO INTERNACIONAL | 115

Dificilmente se poderá considerar que o artigo 39.º/3 do TRIPS, com a sua intenção de reforçar a proteção da propriedade intelectual e de garantir uma concorrência leal e justa, pode caucionar este entendimento, tão facilitador do falseamento da concorrência. Sem a proteção de direitos exclusivos, o artigo 39.º/3 do TRIPS acaba por ter um sentido útil praticamente nulo, do ponto de vista económico. Pelo que, nesses casos, o titular originário dos direitos sobre a informação constante do *Data Package* tem o direito de prevalecer-se de meios substantivos e processuais que lhe permitam a cessação imediata da lesão e a indemnização por danos causados à sua posição competitiva. Para ele, o dano económico advém, não apenas da utilização desonesta da informação de que é proprietário por parte dos seus concorrentes, mas também da possibilidade que a estes possa ser dada de retirarem vantagens dessa informação no procedimento de autorização dos seus produtos (CARVALHO, 2008, p. 260).

Quem defende a utilização do *Data Package* no processo regulatório de autorização dos medicamentos genéricos e similares tem que estar aberto a um sistema justo, estável e ajustável de compensações pecuniárias (FELLMETH, 2004, p. 482 ss). A insistência na ideia de que é possível autorizar os medicamentos genéricos e similares com base no *Data Package*, sem divulgar qualquer informação nele contida, ignora um aspeto económico central da questão: ainda assim se estaria aí a transferir importantes utilidades económicas das empresas inovadoras para as outras, alterando radicalmente a sua posição relativa na concorrência, e poupando estas últimas ao esforço, e mesmo à responsabilidade, de estudar cuidadosamente a informação do *Data Package*, em ordem à (re)produção de medicamentos de elevada qualidade, segurança e eficácia.

Isso seria claramente violador do objeto e do fim do Acordo TRIPS e de todo o sistema da OMC (CARVALHO, 2008, p. 264). Semelhante conduta não deixaria de desencadear a responsabilidade civil extracontratual das autoridades públicas, pelos danos causados às empresas de referência. Quando a administração sanitária autoriza os medicamentos genéricos e similares com base na informação recolhida

116 | DIREITO À SAÚDE E QUALIDADE DOS MEDICAMENTOS

no *Data Package* apresentado pela empresa de referência, sem o respetivo consentimento, ela está a violar um direito de propriedade intelectual, devendo por isso assumir a responsabilidade pelos danos causados (CARVALHO, 2008, p. 272 ss).

7.1.5.3.4 *Proteção contra a divulgação*

O artigo 39.º/3 do Acordo TRIPS acrescenta uma cláusula de proteção da informação submetida às autoridades contra a divulgação. A sua importância repousa no fato de que o controlo físico da informação passa das empresas que a geraram para os poderes públicos, para efeitos de autorização da entrada do medicamento no mercado. Uma vez na posse da entidade administrativa, sobre esta impende o dever de garantir a respetiva confidencialidade, impedindo a sua colocação no domínio público e seu aproveitamento indevido por terceiros. A mesma está, além disso, impedida de usar essa mesma informação para autorizar medicamentos genéricos e similares de empresas concorrentes.

Para se valer da proteção do artigo 39.º/3 do Acordo TRIPS, a empresa originadora da informação deve informar, com verdade, a autoridade administrativa sanitária competente acerca da respetiva confidencialidade, sob pena de incorrer em responsabilidade civil extracontratual. A confidencialidade dos dados submetidos não se presume (CARVALHO, 2008, p. 294). A existência de uma norma, dirigida aos poderes públicos, estabelecendo responsabilidades e limitações fiduciárias para a utilização dessa informação afigura-se indispensável, na medida em que as autoridades dispõem de condições materiais para transferirem essa informação a terceiros ou para a usarem na autorização de medicamentos concorrentes com os das empresas titulares dessa informação (CARVALHO, 2005, p. 397). Digno de nota é o fato de não se fazer qualquer referência a práticas desleais, fraudulentas ou enganosas por parte das empresas em concorrência, dirigindo-se a força normativa do preceito às autoridades públicas.

Alguma doutrina entende, neste contexto, que se trata aqui de uma proteção meramente acessória, relativamente à proteção da utilização da informação contrária à concorrência leal (CARVALHO, 2005, p. 389). Porém, mesmo que se aceite este entendimento, a verdade é que ele não decorre necessariamente do teor literal do preceito, o qual é plenamente inteligível sem que se tenha que discernir uma qualquer hierarquia entre as suas primeira e segunda partes. Com efeito, a expressão "além disso", que liga a primeira à segunda parte do preceito, não tem necessariamente que ser lida como estabelecendo uma obrigação acessória e secundária a uma obrigação principal e primária. Antes pode ser lida como pretendendo estabelecer outra obrigação para além da primeira, mas não necessariamente de menor dignidade normativa. A obrigação de não divulgação da informação é tanto mais importante, quanto é certo que o artigo 39.º/3 do Acordo TRIPS visa proteger a informação não divulgada. A partir do momento em que ocorre a divulgação da informação, a mesma já não pode valer-se da proteção conferida por este artigo.

O fato de existirem normas de salvaguarda do interesse público no caso da divulgação, não significa necessariamente que a proteção contra a divulgação da informação tenha que ter menos dignidade do que a proteção contra a utilização contrária à concorrência desleal. Por exemplo, no direito constitucional quase todos os direitos fundamentais estão sujeitos a reservas de lei restritiva, com base no interesse público, sem que isso lhes aponte para uma menor dignidade de proteção. Se nalguns casos os textos constitucionais e jurídico-internacionais preveem expressamente restrições de direitos e autorizações de restrições de direitos, isso não diminui a respetiva primazia e força normativa, nem atenua a respetiva dignidade de proteção. Em sentido contrário, o fato de um direito consagrado num texto constitucional ou num instrumento internacional não estar sujeito a nenhuma restrição expressa não significa que não possam existir *limites imanentes*, implícitos, que obriguem à sua restrição, uma vez ponderado esse direito com outros bens jurídicos da comunidade e do Estado de especial importância. A ideia de que a obrigação de não divulgação tem uma natureza acessória, por mais admissível que possa ser aos olhos de alguma doutrina, introduz no texto, a partir de concepções que lhe são externas, um sentido que dele não decorre necessariamente.

A proteção contra a divulgação da informação pelas autoridades públicas compreende-se muito bem, tendo em conta o que anteriormente se disse acerca da necessidade de impedir que os poderes públicos, ao divulgarem essa informação, possam vir a comprometer a vantagem competitiva que ela confere ao seu possuidor, desse modo alterando a posição relativa em que as empresas concorrentes se encontram no mercado e violando as exigências de neutralidade que impendem sobre os poderes públicos. Além disso, ela resulta de essa informação, pese embora tenha sido submetida à autoridade sanitária, encontrando-se na posse dela, continua a ser propriedade da empresa de referência, devendo ser tratada como tal. Uma vez divulgada a informação ou aproveitada a respetiva utilidade económica por terceiros, os custos da sua obtenção podem nunca ser completamente recuperados (WEIGEL, 2008, p. 37).

Isto, sem prejuízo de se aceitar, como inquestionável, que a vantagem comparativa pode ser neutralizada, pela simples utilização da informação na autorização de comercialização de medicamentos genéricos e similares, sem que nenhuma autoridade estadual ou empresa privada analise a informação do *Data Package*. Por outras palavras, a garantia de não divulgação reveste-se da maior importância, do ponto de vista da imparcialidade e neutralidade dos poderes públicos. É um dado incontornável do direito da concorrência o fato de que a alteração da posição relativa dos concorrentes pode acontecer por ação estadual, mesmo que não tenha havido uma qualquer prática ilícita, desonesta ou desleal por parte de uma empresa concorrente. Ainda assim, ela não deixa de ser censurável, do ponto de vista do direito da concorrência. O Estado não pode exigir a ética e a justiça na atividade económica e contribuir, com a sua conduta, para introduzir a injustiça na concorrência entre empresas, desencorajando-as de produzirem informação e conhecimento inovadores (SAUNDERS, 2006, p. 209).

O direito da concorrência, como sucede com a generalidade das normas jurídicas, vincula tanto as empresas em competição no mercado como os poderes públicos que possam interferir na concorrência. Se as autoridades públicas se apoiarem nos dados fornecidos pelas empresas farmacêuticas de medicamentos de referência para autorizarem produtos genéricos concorrentes, elas estão com isso a autorizar a utilização comercial dessas informações, mesmo que essa autorização, em si mesma, não constitua um ato de natureza comercial. O mesmo sucede, por maioria de razão, se as mesmas divulgarem a informação que lhes for confiada. Deste modo as autoridades públicas intervêm diretamente no mercado, violando direitos de propriedade intelectual e distribuindo custos e benefícios competitivos, e tornando impossível e sem sentido a concorrência leal entre as empresas.

Esta ideia fundamenta todo o direito das ajudas de Estado no direito da concorrência (SCHÄFER, 2006, p. 244). Os poderes públicos podem, de muitas formas, através de subvenções, isenções e benefícios fiscais, contratos, exigências regulatórias, concessão ou recusa de autorizações, prestação de informações, etc., alterar e falsear a igualdade de condições concorrenciais entre empresas e, por essa via, interferir na posição relativa em que mesmas se colocaram pelos seus próprios méritos comparativos. A divulgação de informação confidencial que lhes foi confiada é uma prática falseadora da concorrência, embora esta possa ser falseada com o simples uso da informação confidencial. Deve reiterar-se o que foi dito a este propósito. Do ponto de vista das empresas produtoras de medicamentos genéricos e similares, mais do que o acesso à informação em si mesma, o que realmente interessa é o acesso a todas as utilidades económicas e competitivas que ela propicia.

Mais do que garantir a qualidade, segurança e eficácia das cópias mediante uma consideração atenta do *Data Package*, às empresas de medicamentos genéricos interessa uma autorização para copiar medicamentos de referência tão rapidamente quanto possível, para poderem desse modo colher os benefícios competitivos dos investimentos realizados por quem os desenvolveu, criou e ensaiou, sem terem que participar nos respetivos custos nem serem obrigadas a um esforço de estudo e investigação. Não lhes interessa o acesso à informação em si

120 | DIREITO À SAÚDE E QUALIDADE DOS MEDICAMENTOS

mesma, mas apenas a possibilidade de fruírem das vantagens competitivas associadas à existência dessa informação, sem terem que contribuir para os respetivos custos. A obtenção de uma vantagem competitiva à custa do esforço científico e financeiro de uma empresa de medicamentos de referência, falseando desse modo a concorrência, concretiza-se pelo simples uso da informação produzida por esta empresa, por parte da entidade administrativa competente, para registar um medicamento genérico.

Nesse quadro, as empresas realmente inovadoras podem ver drasticamente reduzido o benefício económico do seu esforço, em virtude da ajuda estadual que é concedida a outras empresas que não quiseram ou não puderam investir em inovação. Beneficiando umas empresas e prejudicando outras, ou permitindo que umas beneficiem do esforço realizado por outras, as autoridades públicas criam uma concorrência subvencionada e falseada, interferindo abusivamente na igualdade de condições competitivas e criando desigualdades materiais de tratamento entre concorrentes. Deste modo, as autoridades públicas violam o princípio da igualdade, na sua dimensão de igualdade de oportunidades, bem como o seu *dever de neutralidade e não identificação* relativamente às empresas em concorrência, criando um desnível artificial entre elas, em benefício de umas e em prejuízo de outras. O resultado é a alteração da posição relativa em que as empresas se encontrariam se o Estado não tivesse interferido na sua atividade concorrencial. Uma empresa acaba por colher benefícios da atividade de outrem, sem ter que suportar os respetivos custos, ou quando lhe são impostos custos adicionais, para além daqueles que as empresas concorrentes tiveram que suportar.

Estas considerações têm aplicação sempre que a informação em causa confira uma vantagem competitiva, mesmo que isso não seja o resultado de um esforço significativo por parte de quem detém essa informação. Elas valem, por maioria de razão, quando uma empresa realizou um investimento significativo em inovação e testes de qualidade, sofrendo por isso um forte impacto económico ao ver essa informação a ser usada para beneficiar uma ou mais empresas con-

DATA PACKAGE NO DIREITO INTERNACIONAL | 121

correntes. O artigo 39.º/3 do TRIPS admite expressamente que as autoridades públicas possam divulgar a informação protegida quando isso seja necessário para a proteção do público (CARVALHO, 2005, p. 394). Esta norma contém uma autorização expressa da limitação do direito à proteção de dados por razões que se prendem com a proteção de bens jurídicos da comunidade. Isso não significa que se esteja aí perante o enfraquecimento do direito em presença. A possibilidade de restrição excecional, limitada e proporcional de um direito é uma realidade inerente a qualquer sistema de proteção de direitos fundamentais e de direitos humanos. Dificilmente se encontrará um direito que não admita qualquer modalidade de restrição ou relativização, quanto mais não seja em situações de necessidade pública ou emergência nacional.

Os direitos fundamentais são passíveis de ponderação e os direitos de propriedade intelectual não são diferentes nesse aspeto. Todavia, é um dado consensual, no direito constitucional e no direito internacional, que as restrições têm que ter como fim a proteção de um bem jurídico relevante e têm que ser necessárias, adequadas e proporcionais à sua prossecução. Nisso se consubstancia a sua natureza excecional e limitada. As restrições estão sujeitas a exigências qualificadas de legalidade, igualdade, proporcionalidade e proteção da confiança, devendo ser excecionais, devidamente fundamentadas e sujeitas a uma interpretação restritiva (SCHMIDT, 2009, p. 112 ss.). Elas não podem, além disso, neutralizar e desnaturar o direito em presença. O Acordo TRIPS admite, em vários momentos, restrições às suas normas de propriedade intelectual com base em razões de interesse público. Porém, ele afirma, consistentemente, que as mesmas não podem assumir uma quantidade e uma intensidade que ponham em causa o objeto e o fim do tratado.

No caso dos dados confidenciais, a divulgação, mesmo quando não tenha como objetivo a proteção do interesse público, só pode acontecer se forem tomadas medidas para garantir a sua proteção contra qualquer utilização comercial desleal. Recorde-se que não violaria a proibição do artigo 39.º/3 do TRIPS a divulgação da informa-

122 | DIREITO À SAÚDE E QUALIDADE DOS MEDICAMENTOS

ção prestada pelas empresas produtoras de medicamentos de referência, limitada a uma entidade privada contratada pelo Estado para avaliar a respetiva veracidade (CARVALHO, 2005, p. 395). Também não constituiria uma violação do direito previsto no artigo 39.º/3 do TRIPS a divulgação da informação no caso de se estar perante um medicamento manifestamente inseguro, para os pacientes, cuja pronta retirada do mercado se afigure indispensável. Se a própria empresa originadora proceder à divulgação da informação confidencial antes do transcurso do prazo de exclusividade, ela deixa de poder invocar o artigo 39.º/3 do TRIPS contra empresas de genéricos e similares que façam uso dessa informação para obter a autorização de comercialização dos seus produtos (CARVALHO, 2008, p. 294).

Alguma doutrina parece sugerir que, num contexto em que fossem dadas todas as garantias contra uma utilização da informação violadora do direito concorrência, o ideal seria a divulgação pública da informação sobre os medicamentos, a fim de assegurar o controlo, pela publicidade crítica especializada, dos seus aspetos quantitativos e qualitativos, bem como dos procedimentos metodológicos que presidiram à sua obtenção (CASTELLANO, 2006, p. 307). Em abstracto, esse entendimento pode até ser aceitável. Na prática, porém, não se trata de uma solução realista, já que os dados divulgados poderiam ser facilmente utilizados por empresas de medicamentos genéricos em outros Estados ou territórios. Por esta razão, o artigo 39.º/3 do TRIPS deve ser lido à luz do direito da concorrência, como fundamentando a emergência e a concretização de um verdadeiro direito exclusivo sobre a informação dos ensaios pré-clínicos e clínicos, e não apenas um direito de proteção da informação, como fala uma parte da doutrina (BARBOSA P. M., 2009, p. 218).

Só assim se impede a fruição anti-competitiva das utilidades económicas dessa informação por empresas que não são chamadas a suportar as correspondentes desutilidades, nem sequer são obrigadas a fazer o esforço para ler, estudar e analisar a informação constante do *Data Package* em ordem a garantir um elevado padrão de qualidade, segurança e eficácia dos medicamentos. A ideia de que o artigo 39.º/3 do TRIPS protege verdadeiros direitos exclusivos, impedindo o próprio uso da informação para a autorização de medicamentos genéricos e similares, não é imposta por uma exegese do texto hostil ao direito à saúde. Antes articula, de forma ponderada e harmonizadora, a proteção da propriedade intelectual e a garantia da qualidade, segurança e eficácia dos medicamentos, sem a qual o direito à saúde perde uma parte substancial do seu conteúdo útil.

7.1.5.3.5 *Prazo de proteção*

Uma questão central na interpretação e aplicação do artigo 39.º/3 do Acordo TRIPS prende-se com o prazo de proteção dos direitos exclusivos sobre dados. O preceito em análise é omisso quanto a esta matéria. Uma possibilidade teórica seria a da proteção da informação dos testes através da figura do segredo comercial, com as virtualidades da proteção temporalmente ilimitada que lhe foram apontadas. O elemento literal do artigo em causa poderia favorecer *prima facie* esta leitura. Contudo, a importância da informação constante do *Data Package* para a proteção e promoção da saúde pública conduz a que se tenham as maiores dúvidas sobre se uma proteção temporalmente ilimitada serve efetivamente o direito à saúde (CAR-VALHO, 2008, p. 299 ss). No caso do *Data Package* existe um interesse de divulgação da informação que não está presente, em igual medida, noutros domínios de atividade industrial e comercial, como a alimentação, as bebidas, os automóveis, o *software*, etc., onde os mesmos objetivos de satisfação das necessidades humanas podem ser prosseguidos através do consumo alternativo de diferentes bens e serviços, sem que se torne necessária a divulgação dos segredos comerciais a respeito de um deles. Além disso, o artigo 39.º/3 do TRIPS refere-se a uma realidade distinta do segredo comercial em sentido estrito, mencionado no artigo 39.º/2 do mesmo instrumento.

Para além dos elevados custos de transação envolvidos na manutenção dos segredos comerciais, considera-se, com intensidade crescente, que a informação sobre a qualidade, segurança e eficácia dos

124 | DIREITO À SAÚDE E QUALIDADE DOS MEDICAMENTOS

medicamentos deve ser colocada no domínio público a fim de poder ser reutilizada na produção de medicamentos genéricos e no posterior aperfeiçoamento dos produtos (CARVALHO, 2005, p. 398). Acresce que uma absoluta exigência de duplicação dos testes, por parte das empresas de medicamentos genéricos, seria economicamente ineficiente e socialmente indesejável, haja em vista os custos ambientais e humanos envolvidos. Seria um desperdício evitável de recursos humanos e materiais, para além do obstáculo ético de sujeitar animais e seres humanos a novos testes, a duplicação de testes quando existam já resultados de testes semelhantes anteriormente realizados (CARVALHO, 2005, p. 389). Essa repetição de testes, com as consequências que daí advêm, não tem que ser exigida. Todavia, a mesma não pode ser dispensada de uma forma que permita a uma empresa tirar um benefício imediato dos custos incorridos por outra, dando origem a um *"free rider problem"*.

Daí que a figura dos direitos exclusivos temporários sobre a informação dos testes, com a sua estrutura híbrida, de cruzamento entre a propriedade intelectual e o segredo comercial, se afigure a solução mais equilibrada de harmonização entre os legítimos direitos e interesses das empresas produtoras de medicamentos de referência, por um lado, e, por outro, o interesse público, de relevo constitucional, do acesso do público a medicamentos de elevada qualidade, mas mais baratos, juntamente com os interesses das empresas produtoras de medicamentos genéricos. Igualmente ponderado é o interesse na divulgação de informação de grande relevo sanitário, necessária à proteção do público (WEISFELD, 2006, p. 849).

Em todo o caso, se houvesse violação do artigo 39.º/3 do TRIPS pelo instituto dos direitos *exclusivos temporários* sobre a informação do *Data Package*, ela nunca seria por os mesmos serem *exclusivos*, já que isso decorre da necessidade de salvaguardar o sentido útil do preceito, mas sim por serem *temporários*, já que o artigo 39.º/3 do TRIPS não faz qualquer referência expressa à limitação temporal do direito. Tomando como ponto de referência unicamente o teor literal do artigo 39.º/3 do TRIPS, o estabelecimento de um prazo de proteção

DATA PACKAGE NO DIREITO INTERNACIONAL | 125

para os dados constantes no *Data Package* não deixa de constituir uma forma de "TRIPS-minus". Para ser inteiramente legítima, do ponto de vista do Acordo TRIPS, a mesma deveria ser devidamente compensada com uma qualquer medida de "TRIPS-plus", favorável às empresas farmacêuticas de referência (v.g. *"patent-linkage"*; prorrogação de patentes). Uma coisa é certa, não é legítimo sustentar que o TRIPS impede a criação de direitos exclusivos sobre o *Data Package*, por mais curto que seja o prazo de proteção. Ele não só não impede, como aponta claramente nesse sentido.

Não estabelecendo o artigo 39.º/3 do TRIPS um prazo de proteção da confidencialidade dos dados, e existindo razões de saúde pública que abonam no sentido da sua limitação temporal, nada impede que os Estados, por via legislativa ou convencional, regional ou bilateral, adoptem prazos mais ou menos longos consoante o equilíbrio de interesses que julguem conveniente. Tanto mais que a existência de um prazo de proteção limitado de acordo com um princípio de razoabilidade terá estado presente na mente dos negociadores, mesmo se eles não lhe fizeram referência expressa (CARVALHO, 2008, p. 299). Pelo que, embora não prevista explicitamente, existem evidências sólidas, nos trabalhos preparatórios do TRIPS, de que essa possibilidade foi antecipada nas negociações[42].

O prazo razoável era frequentemente entendido como não inferior a 5 anos, devendo além disso ser calibrado com base em critérios como a natureza da informação e os esforços humanos, científicos, tecnológicos e económicos envolvidos na sua obtenção. Os Estados tendem a conferir prazos de proteção que oscilam entre os 5 e os 10 anos, como mínimo. Esta é normalmente considerada uma solução razoável e proporcional, muitas vezes condensada em tratados bilaterais de investimento e comércio livre ou na legislação interna dos Estados (HO, 2007, p. 1500). Ela vale mesmo quando a proteção dos

---

[42] Draft Agreement on the Trade-Related Aspects of Intellectual Property Rights – Communication from the United States, MTN.GNG/NG11/W/70, May 11, 1990.

126 | DIREITO À SAÚDE E QUALIDADE DOS MEDICAMENTOS

dados não é absoluta, havendo lugar ao direito a uma remuneração. Para além de razões de princípio, outras razões pragmáticas e utilitaristas atestam a bondade dessa solução. Ao verem assegurado um prazo de proteção dos dados, as empresas produtoras de medicamentos de referência têm um incentivo para procederem ao registo dos seus medicamentos (FELLMETH, 2004, p. 470).

Durante esse prazo de proteção o titular da informação exerce, na prática, uma posição de monopólio temporário que lhe permite afastar a concorrência e praticar preços supra-competitivos. No entanto, longe de ser um defeito, esse é exatamente o objetivo pretendido, na medida em que se pretende criar as condições necessárias à recuperação do investimento realizado, incentivando a elevação dos padrões de segurança dos medicamentos. Mais do que de um abusivo poder de mercado, isso resulta do efeito da proteção da propriedade intelectual. Os preços supra-competitivos podem inclusivamente cobrir as despesas do desenvolvimento e teste de medicamentos que não chegaram a ver a luz do dia. O ideal consiste na adoção de soluções proporcionais ao esforço técnico e económico despendido pelas empresas na obtenção dessa informação. Uma total carência de tutela da informação dos testes clínicos, mesmo com fundamento legal, e na existência de outros mecanismos de compensação, seria certamente uma violação dos princípios conformadores do Estado de direito, da justiça e da proporcionalidade.

7.1.5.4 *Protegendo a inovação e a qualidade*

As considerações anteriores apontam para a necessidade de proteger, não apenas o esforço desenvolvido pelas empresas na produção de conhecimento e informação inovadora patenteável, mas também de garantir incentivos suficientemente compensadores do esforço despendido na garantia da qualidade, segurança e eficácia dos medicamentos. Tanto a inovação e o aperfeiçoamento dos medicamentos, como a plena garantia da sua qualidade, segurança e eficácia constituem bens jurídicos inerentes ao direito à saúde. A diminuição dos incentivos ao investimento produção de novos medicamentos, a pretexto de salvaguardar os interesses de curto prazo de pacientes e contribuintes, representará, a prazo, a existência de menos medicamentos novos disponíveis às populações, incluindo as populações dos Estados em desenvolvimento. Importa evitar isso.

O artigo 39.º/3 do Acordo TRIPS dá um importante contributo nesse sentido, na medida em que, ao consagrar um direito exclusivo sobre a informação dos ensaios pré-clínica e clínicos, protegendo a vantagem competitiva obtida à custa de investimentos significativos em tempo e recursos humanos e materiais, cria um incentivo não negilenciável ao desenvolvimento de medicamentos com maior qualidade, segurança e eficácia. Contudo, a indeterminação que rodeia alguns dos conceitos por ele utilizados torna necessário que a interpretação que deles se faça procure adequar-se ao objeto e ao fim do Acordo TRIPS, de reforço da proteção da propriedade intelectual e prevenção de deslealdade e da injustiça na concorrência entre empresas. O que não significa que o objeto, o fim e os princípios deste tratado sejam, em si mesmos, inequívocos (YU, 2009, p. 979) .

Este aspeto reveste-se de especial importância nos casos em que não exista legislação nacional sobre a proteção de dados dos ensaios clínicos ou pré-clínicos, ou existindo, as dúvidas em torno da respetiva interpretação obriguem o operador jurídico a virar-se para a interpretação do artigo 39.º/3 do Acordo TRIPS. No domínio da exclusividade dos dados dos ensaios, justifica-se plenamente a existência de uma legislação interna que vá mais longe na densificação e concretização dos conceitos que o Acordo TRIPS deixa relativamente vagos e indeterminados, de modo a elevar o nível de segurança jurídica e proteção da confiança dos agentes económicos (CARVALHO, 2008, p. 266). O objetivo é dissipar todas as dúvidas acerca do sentido, alcance e limites, materiais, procedimentais e temporais, dos direitos em causa.

128 | DIREITO À SAÚDE E QUALIDADE DOS MEDICAMENTOS

7.2 O *Data Package* no direito internacional para além do TRIPS

Seria um erro pensar que o Acordo TRIPS pretendeu encerrar, de uma vez por todas, a questão da proteção internacional da propriedade intelectual. Tal não aconteceu. Desde logo, porque ele estabelece padrões mínimos de proteção da propriedade intelectual aceitáveis numa base multilateral, tendo como pano de fundo um quadro negocial equilibrador de vantagens e desvantagens à escala global. Esses padrões mínimos têm natureza principial, podendo e devendo ser otimizados por via convencional e legal, dentro dos parâmetros do objeto e do fim do tratado. Além disso, o sistema da OMC é hoje apenas uma parte de um mais vasto domínio de disciplina jurídica do comércio internacional. Os Estados têm criado uma rede complexa de instrumentos internacionais regionais e bilaterais pelos quais flui abundantemente o tema da tutela jurídica da propriedade intelectual. Importa que nos detenhamos neste ponto.

7.2.1 *Acordos regionais e bilaterais de investimento e comércio livre*

O objetivo do TRIPS não consistiu em consagrar e congelar padrões máximos de propriedade intelectual, mas estabelecer uma *linha de base* universalmente aceite a partir da qual fosse possível construir esquemas regulativos dotados de maior densidade substantiva. Apesar disso, alguma doutrina refere-se às normas do Acordo TRIPS quase como se o mesmo visasse estabelecer padrões máximos de proteção de propriedade intelectual, insuperáveis. Esse linguajar, nem sempre expressamente assumido, apresenta-se desprovido de qualquer base jurídico-internacional. O teor literal do TRIPS é suficiente para desmentir esse entendimento.

Como sucede com muitos tratados internacionais multilaterais, a linguagem utilizada no Acordo TRIPS é frequentemente não técnica e imprecisa, evidenciando a forte componente política e diplomática presente nas negociações, com procedimentos, calendários e preocupações nem sempre adequados ao aprimoramento técnico-jurídico. Essa linguagem é, em muitos casos, intencionalmente vaga e compromissória, de forma a facilitar o acordo entre perspetivas políticas e económicas ideologicamente polarizadas e absorver a conflitualidade social que envolve governos, empresas, indivíduos e ONG's, com agendas muito diferentes. Por sua vez, a participação de quase duas centenas de Estados no seio da OMC dificulta a alteração dos instrumentos convencionados sob a sua égide, não deixando grande margem para a sua adaptação a uma realidade dinâmica e proteiforme. Isso significa que a determinação do conteúdo das normas do TRIPS fica largamente dependente da concretização que lhes for dada, quer no âmbito do Órgão de Resolução de Litígios da OMC, quer no direito interno de execução do TRIPS.

Aos Estados cabe uma significativa margem de manobra, não apenas em sede legislativa e administrativa, na implementação das normas do TRIPS, mas também no que diz respeito ao seu poder de vinculação internacional, estando livres para procurar novas avenidas de cooperação uns com os outros e de aprofundamento da integração económica e comercial. Do mesmo modo, os Estados podem procurar, no plano regional e bilateral, encontrar novos equilíbrios de interesses e novas soluções, à medida que se confrontam com novos problemas. Um dos domínios em que isso se observa diz respeito, precisamente, à propriedade intelectual. O Acordo TRIPS de forma alguma proíbe o reforço da proteção da propriedade intelectual através de acordos bilaterais e regionais de investimento e comércio livre. Pelo contrário, a sua *ratio* protetora é inteiramente consistente com esse resultado, desde que observados os respetivos princípios fundamentais.

Nas últimas décadas tem-se assistido à proliferação dos acordos bilaterais de investimento (*Bilateral Investment Treaties*) (MACHADO, 2006, p. 289 ss). No domínio da economia internacional e do comércio mundial o sistema da OMC está longe de esgotar o quadro normativo e institucional relevante. Em muitos casos, esses tratados bilaterais contêm importantes disposições sobre propriedade intelectual, intro-

130 | DIREITO À SAÚDE E QUALIDADE DOS MEDICAMENTOS

duzindo soluções não previstas no Acordo TRIPS (SANDERS, 2007, p. 893 ss). Assim sucede, na medida em que o reforço da propriedade intelectual pode ser contrabalançado, no plano bilateral, pela concessão de outras vantagens, no plano político, militar e económico. A previsão, nestes tratados, de meios substantivos e procedimentais de proteção da propriedade material e intelectual cria confiança e contribui para aumentar o investimento (LAW, 2008, p. 1310).

Proliferam igualmente arranjos institucionais e normativos a nível regional, procurando reforçar o investimento, o livre comércio e o crescimento económico, tendo por base a celebração de acordos regionais. Alguns desses acordos foram celebrados antes da entrada em vigor do Acordo TRIPS, tendo as respetivas negociações decorrido paralelamente. Em muitos deles sente-se a necessidade de precisar com maior rigor os direitos que o Acordo TRIPS deixou algo indeterminados. Nalguns casos, pretende-se até recortar novos direitos de propriedade intelectual, ou equiparados, não expressamente previstos pelo TRIPS, tidos como essenciais para garantir o seu objeto e fim em face de novas circunstâncias. Este tratado deixou em aberto muitas questões cuja solução tem que ser procurada a nível regional e bilateral (YU, 2007, p. 894).

Alguns ativistas sociais e ONG's têm criticado este tipo de acordos bilaterais de investimento e comércio livre, sustentando que os mesmos procuram tirar partido das desigualdades políticas e económicas que subsistem entre os Estados, para imporem um regime de proteção reforçada da propriedade intelectual que não seria aceite pela comunidade internacional globalmente considerada, reunida na OMC. Eles mostram-se muito críticos destas soluções negociadas bilateralmente considerando que as mesmas põem em causa as flexibilidades do Acordo TRIPS e o espírito da Declaração de Doha sobre saúde pública. No domínio da proteção de dados alega-se que elas diminuem a liberdade dos Estados em desenvolvimento de autorizarem medicamentos genéricos e até de recorrerem às licenças compulsórias (REICHMAN, 2009, p. 22 ss). Esta linha de entendimento subsume a defesa de direitos de propriedade intelectual a uma questão política e económica de hegemonia dos Estados mais desenvolvidos sobre os menos desenvolvidos.

No entanto, este argumento, a menos que seja devidamente corroborado por evidências empíricas e normativas inquestionáveis de que houve coerção ou dolo na celebração do tratado, dificilmente poderá ser considerado juridicamente significativo, e muito menos decisivo. Quando muito, ele poderá ser esgrimido na luta política. Os acordos bilaterais e regionais de investimento e comércio livre são compatíveis com outras leituras, bem mais razoáveis e benignas. A adoção desses e de outros mecanismos, em que se incluem normas de reforço dos direitos de propriedade intelectual, traduz muitas vezes uma tentativa de harmonização dos direitos e interesses em presença, das empresas de medicamentos de referência e de genéricos, da população em geral e do orçamento de Estado, num quadro mais abrangente de concessões, em domínios como o investimento, a abertura de mercados, a cooperação política e militar, etc.

Num tratado multilateral como o TRIPS, a adoção de um padrão mínimo de proteção da propriedade intelectual reflete a impossibilidade de, a esse nível, se conseguir negociar, para todos os Estados, todas as contrapartidas que eles poderão oferecer uns aos outros, na harmonização dos respetivos interesses. Daí que ele não ponha em causa a possibilidade de diferentes equilíbrios de interesses a nível regional e bilateral através da celebração de outros tratados internacionais. Estas tentativas de ulterior harmonização da propriedade intelectual, do direito à saúde e da garantia da qualidade dos medicamentos exprime a insuficiência de uma abordagem centrada unicamente no Acordo TRIPS. Tanto quanto é possível concluir, os tratados regionais e bilaterais de investimento e comércio livre tendem a validar a premissa, inteiramente razoável, de que, no domínio do medicamento e da garantia do direito à saúde de forma sustentável, o investimento na inovação e nos ensaios clínicos é um aspeto essencial. Ele não pode ser pura e simplesmente ignorado na ponderação dos bens jurídicos relevantes.

132 | DIREITO À SAÚDE E QUALIDADE DOS MEDICAMENTOS

Frequentemente as soluções encontradas a esse nível pretendem consagrar cedências recíprocas, traduzindo a procura dos equilíbrios menos restritivos das posições jurídicas em confronto. Nalgumas questões beneficiam-se claramente as empresas farmacêuticas (v.g. "*Patent--linkage*"; "Patentes-*pipeline*"; prorrogação das patentes), com o objetivo de assegurar a continuidade e a sustentabilidade da investigação no desenvolvimento de novos medicamentos farmacêuticos. Por exemplo, o sistema de "*Patent-linkage*" (BAKER, 2008, p. 311), introduzido nalguns acordos bilaterais, requer que a empresa que pretenda obter autorização para um medicamento genérico mencione, junto da autoridade sanitária, as patentes que poderão *prima facie* ser violadas pelo medicamento genérico e justifique porque é que considera que essa violação não ocorre em termos definitivos. Esta solução constitui um ónus acrescido para as empresas de genéricos que se veem privadas de uma autorização enquanto não persuadirem as autoridades de que não existe infração (CARVALHO, 2008, p. 303 ss). Desse modo, ela é favorável aos interesses das empresas de medicamentos de referência, que veem reforçada tutela da sua propriedade intelectual.

Noutros casos beneficiam-se as empresas de genéricos e similares (v.g. exceção Bolar; limitação temporal do segredo comercial das empresas farmacêuticas; procedimento abreviado de autorização de genéricos; combate ao "*evergreening*"), tendo como principal objetivo, mesmo à custa de um padrão mais elevado de saúde pública, a promoção da acessibilidade dos medicamentos, e a desoneração do orçamento de Estado (SHEEHE, 2009, p. 584). Por vezes, como se disse, esse equilíbrio insere-se num contexto mais vasto de distribuição de vantagens políticas, militares e económicas. Pelo que o mérito e o demérito das diferentes soluções encontradas nunca pode ser avaliado isoladamente, mas no quadro mais vasto dos equilíbrios de interesses alcançados e do modo como eles articulam os direitos e os princípios em presença. No ponto seguinte apresentaremos alguns exemplos das soluções jurídicas que têm sido alcançadas.

7.2.2 *Exclusividade de dados nos acordos de comércio livre*

O sistema da OMC tem vindo a coexistir com a proliferação de espaços de integração regional, ao mesmo tempo que se observa uma explosão de bilateralismo, fatores que têm contribuído para uma certa erosão do multilateralismo (CUNHA, 2008, p. 53 ss). Esta realidade tem tido um impacto significativo no direito internacional da propriedade intelectual. Nestes acordos regionais e bilaterais, negociados em contextos diferentes dos que presidiram à Ronda do Uruguai, plasmam-se frequentemente novos equilíbrios de interesses entre as partes, no seio dos quais uma maior proteção da propriedade intelectual adquire todo o sentido.

Alguns desses acordos podem incluir disposições especiais sobre "patentes-*pipeline*", "*patent-linkage*", prorrogação de patentes, exclusividade de dados do *Data Package*, etc., dando lugar às chamadas soluções "TRIPS-plus" (HO, 2007, p. 1499). Pense-se, por exemplo, em acordos bilaterais celebrados entre os Estados Unidos e países como o Chile, a Rússia, a República Dominicana, etc. (GRAHAM, 2008)[43]. No caso norte-americano, tem-se recorrido à célebre lista especial de controlo (*Special 301 Watch List*) para retaliar contra os Estados que violarem as disposições TRIPS-plus incluídas nos acordos bilaterais (BAKER, 2008, p. 313). Em 2009, o Relatório respeitante a esta lista especial de controlo aplaudia Estados como a Ucrânia, a Croácia, a Eslováquia, o Peru, o Taiwan e o Vietname por adotarem medidas de proteção do *Data Package* (BAKER, 2008, p. 326). Esta realidade deve-se, em larga medida, ao decaimento dos níveis de proteção internacional da propriedade intelectual, em virtude da incapacidade do TRIPS, dada a sua rigidez formal e indeterminação substancial, para assegurar uma proteção eficaz da propriedade intelectual.

---

[43] United States-Chile Free Trade Agreement, U.S.-Chile, art. 17.10.1, Jan. 1, 2004; 2005 U.S.-Dominican Republic-Central America FTA (US-DR-CAFTA).

134 | DIREITO À SAÚDE E QUALIDADE DOS MEDICAMENTOS

Emblemático, neste âmbito, é o *North American Free Trade Agreement* (NAFTA), celebrado em 1992, entre os Estados Unidos, o México e o Canadá. Foi negociado ao mesmo tempo que o TRIPS, tendo servido de base à posição negocial dos Estados Unidos na Ronda do Uruguai. Tudo indica que os Estados Unidos pretendiam obter no TRIPS o mesmo nível de proteção da propriedade intelectual que conseguiram no NAFTA (REICHMAN, 2009, p. 15). O mesmo inclui um regime de proteção de dados de ensaios contra divulgação, quando a sua apresentação seja condição necessária à autorização de novas entidades químicas e a obtenção de dados tenha exigido um esforço considerável. A divulgação só poderá ocorrer em casos excecionais, para proteger o público, desde que sejam tomadas medidas contra a sua utilização comercial[44]. Dispõe-se aí que nenhuma entidade, para além da que submeteu os dados, e sem o consentimento desta, pode apoiar-se nessa informação para obter uma autorização para os seus produtos dentro de um prazo razoável.

Como critérios de razoabilidade dispõe-se que o prazo nunca deve ser inferior a 5 anos desde a data da autorização do produto de referência a que os dados dizem respeito, devendo ainda ter em consideração a natureza da informação e o esforço e investimento realizados na sua obtenção. Uma vez respeitadas estas exigências, abrem-se as portas ao estabelecimento de procedimentos abreviados de autorização (ANDA's), com base em estudos de bioequivalência e biodisponibilidade. A proteção de dados vale mesmo quando a autorização do medicamento de referência tenha sido concedida noutro Estado.

Um outro exemplo de consagração de direitos exclusivos sobre o *Data Package* num tratado regional de comércio livre pode encontrar-se no *Central America Free Trade Agreement*, celebrado entre os Estados Unidos e os Estados da América Central e a República Dominicana (CAFTA-DR) (RAJKUMAR, 2005, p. 433). Este acordo prevê um período de proteção de dados de 5 anos, desde o momento da aprova-

---

[44] Veja-se, sobre os aspetos referidos em texto, o Artigo 1711, SEC. 5 A 7, do NAFTA.

ção dos medicamentos pela autoridade sanitária[45]. Isso significa que as autoridades sanitárias não podem licenciar medicamentos genéricos num prazo de 5 anos contado desde a autorização de introdução no mercado do medicamento de referência, independentemente de ele estar ou não estar patenteado. O CAFTA-DR prevê que os direitos exclusivos sobre os dados possam ser invocados, durante 5 anos, mesmo que o medicamento tenha sido registado noutro Estado[46]. Significa isto que o fato de um medicamento de referência ter sido aprovado num Estado não impede que a posterior autorização sanitária do mesmo medicamento noutro Estado confira direitos exclusivos sobre o *Data Package* (CHUNG, 13, 2006, p. 185). Importa salientar igualmente que o CAFTA-DR não admite a autorização de medicamentos genéricos para uso público, mesmo que em termos não comerciais. Esta solução representa uma proteção substancial do investimento realizado pelas empresas farmacêuticas produtoras de medicamentos de referência. A formulação aqui encontrada é diferente daquela que consta do Acordo TRIPS, fato que se tem revelado gerador de alguma confusão (CHUNG, 13, 2006, p. 184).

O CAFTA-DR, à semelhança do que sucede noutros tratados, prevê uma "janela de oportunidade" para a sujeição de entidades químicas à aprovação de comercialização[47]. Esta solução não está prevista no artigo 39.º/3 do TRIPS, podendo dizer-se que é uma espécie de "TRIPS-minus", compensada com outras soluções "TRIPS-plus". Por

---

[45] O Artigo 15.10.1(a), do CAFTA, afirma que cada Estado Parte "shall not permit third persons, without the consent of the person who provided the information, to market a product on the basis of (1) the information, or (2) the approval granted to the person who submitted the information for at least five years for pharmaceutical products".

[46] O Artigo 15.10.1(a), do CAFTA, dispõe: "the Party shall not permit third persons, without the consent of the person who previously obtained approval in the other territory, [*185] to obtain authorization or to market a product on the basis of evidence of prior marketing approval in the other territory for at least five years."

[47] Neste sentido, veja-se o Artigo 15.10(b), do CAFTA.

136 | DIREITO À SAÚDE E QUALIDADE DOS MEDICAMENTOS

razões de saúde pública, a possibilidade de invocar a exclusividade sobre a informação do *Data Package* fica condicionada à sujeição à autorização de comercialização de entidades químicas já autorizadas noutro Estado, dentro de um prazo determinado. O objetivo desta medida é acelerar a introdução de novos medicamentos no mercado. Ela supõe um sistema de reconhecimento de automático das autorizações concedidas noutros Estados. Naturalmente que também estes tratados têm sido sujeitos a duras críticas do ponto de vista do direito à saúde (COWLEY, 2007, p. 227 ss). Nalguns casos, porém, essas críticas tendem a desvalorizar a importância da propriedade intelectual para a garantia da inovação e da qualidade dos medicamentos.

Normas sobre a proteção da informação do *Data Package* têm sido incluídas em tratados bilaterais envolvendo os mais diversos Estados, com poder económico e político muito distinto. Normalmente a proteção de dados prolonga-se por prazos de 5 a 10 anos, prevendo-se expressamente e proibição do uso público não comercial[48]. Por vezes exige-se a proteção de todos os dados, que não apenas os não divulgados, na convicção de que isso pode ser importante para promover uma maior divulgação de dados de interesse público. Também se prevê, nalguns casos, a proteção de todos os dados, mesmo que a sua recolha não tenha envolvido um esforço considerável. A *ratio*, neste caso, consiste em primeira linha, não em proteger informação que não envolveu investimento, mas em contornar problemas complexos em torno do ónus da prova.

Uma outra possibilidade, presente nalguns tratados, consiste na proteção da exclusividade de dados mesmo quando a autoridade de um Estado se apoia na informação submetida quando do registo do medicamento noutro país. Pretende-se garantir uma proteção internacional efetiva dos direitos de propriedade intelectual, evitando a mobi-

---

[48] Veja-se, por exemplo, Office of the U.S. Trade Representative, Results of Bilateral Negotiations on Russia's Accession to the WTO: Action on Critical IPR Issues (Nov. 19, 2006), available at http://ustr.gov/assets/Document Library/ /Fact Sheets/2006/asset upload file151 9980.pdf.

lização de lógicas nacionais e territoriais de soberania estadual. Admite-se que os medicamentos genéricos possam ser autorizados num Estado, sem terem que submeter às autoridades administrativas quaisquer dados clínicos, e baseando a autorização unicamente na informação anteriormente submetida a outro Estado (DUTFIELD, 2008). Quando é esse o caso, estabelece-se um prazo que deve mediar entre a autorização do medicamento inovador no estrangeiro e a autorização de introdução do medicamento genérico no mercado[49]. Por vezes consagram-se 3 anos adicionais de monopólio temporário para dados relativos a novos usos, reconhecendo a importância de promover a investigação sobre os efeitos dos medicamentos já existentes.

A explicação mais razoável para estas soluções relaciona-se com o fato de que o direito da concorrência tende a exigir uma concorrência legal e não falseada, sendo esse o contexto em que deve ser promovida a inovação e a qualidade. Embora as noções de lealdade e justiça sejam plenamente reconduzíveis à ideia anglo-saxónica de *"fair competition"*, a verdade é que a ênfase, no TRIPS, foi colocada apenas no comportamento mais ou menos leal das empresas, tendo sido porventura subestimado o modo como os poderes públicos podem falsear a concorrência, interferindo artificialmente na posição relativa em que as várias empresas se encontram e criando situações de injustiça entre elas.

7.3 Exclusividade de dados nos Estados Unidos e na Europa

7.3.1 *A Lei Hatch-Waxman norte-americana*

Nos Estados Unidos, as empresas farmacêuticas há muito que não contavam apenas com a proteção patentária para defenderem a sua posição de vantagem comparativa e excluírem os concorrentes do mercado. Para além das patentes, as mesmas recorriam ao segredo

---

[49] 2005 U.S.-Dominican Republic-Central America FTA (US-DR-CAFTA.

138 | DIREITO À SAÚDE E QUALIDADE DOS MEDICAMENTOS

comercial, temporalmente ilimitado, para protegerem a informação gerada durante o desenvolvimento do produto, que não constava da patente, juntamente com a informação produzida durante os ensaios clínicos, sendo que muita dessa informação era obtida depois do depósito do pedido da patente.

A *Food and Drugs Administration* (FDA) assumia a confidencialidade das informações submetidas no procedimento de aprovação dos medicamentos de referência e abstinha-se de autorizar a entrada de medicamentos genéricos no mercado com base nelas (BAKER, 2008, p. 305). Isso mantinha os medicamentos genéricos fora do mercado, na medida em que as empresas produtoras de genéricos não tinham qualquer interesse económico na duplicação dos ensaios pré-clínicos e clínicos, já que os preços competitivos praticados depois da caducidade da patente não permitiam a remuneração dos investimentos realizados.

Esta realidade alterou-se substancialmente por força da lei *Hatch-Waxman*, de 1984. Trata-se aqui de um importante instrumento normativo que veio introduzir uma nova ponderação dos interesses em causa. O seu nome técnico era *"The Drug Price Competition and Patent Term Restoration Act"* (WHEATON, 1986, p. 433 ss.), sugerindo à partida uma teleologia de ponderação e harmonização de interesses. Muitos referiram-se a este diploma como um instrumento que deu lugar a muitos vencedores e a nenhum perdedor. Um dos seus objetivos centrais era antecipar, tanto quanto possível, a entrada de medicamentos genéricos no mercado, permitindo uma maior acessibilidade dos medicamentos ao público. No entanto, pretendia-se que isso fosse conseguido sem agredir dimensões essenciais dos direitos de propriedade intelectual das empresas de medicamentos de referência. Dessa forma procurava-se calibrar a relação entre dimensões fundamentais da saúde pública a curto, médio e longo prazo.

Por um lado, a saúde pública requer uma atenção especial à questão do acesso aos medicamentos por parte da generalidade da população, com especial relevo para os mais carenciados. Por outro lado, ela requer a preservação das estruturas que mais investem na inovação

DATA PACKAGE NO DIREITO INTERNACIONAL | 139

nos medicamentos e na elevação dos respetivos padrões de qualidade. Esses objetivos não são mutuamente excludentes, nem devem têm que ser prosseguidos em alternativa. O direito à saúde depende da sua promoção conjunta e articulada. A lei *Hatch-Waxman* teve como fim realizar, neste âmbito, as necessárias ponderações multidimensionais. Na impossibilidade de apresentar exaustivamente todo o diploma, vejamos algumas das principais soluções por ele delineadas.

Em primeiro lugar, introduziram-se algumas prorrogações de patentes, por forma a compensar as empresas inovadoras pelos danos causados pela redução da vida efetiva da patente por força dos prolongados testes exigidos pela FDA, por força do *Food, Drug, and Cosmetic Act*, que desde as alterações introduzidas em 1962 exigia não apenas a demonstração da segurança do medicamento, mas também da sua eficácia, antes da autorização de comercialização. A duração desses ensaios pré-clínicos e clínicos pode variar entre 3 e 20 anos, sendo a média de, pelo menos, 8,5 anos (DICKSON, 2004, p. 417 ss). Durante esse tempo, o prazo da patente vai transcorrendo sem que a empresa inventora possa retirar qualquer utilidade económica da comercialização do produto patenteado, frustrando desse modo a própria *ratio* protetora da patente. Isso criou a necessidade de restaurar a vida efetiva das patentes, prorrogando o seu prazo de duração. Trata-se de uma solução que, longe de ser arbitrária e injustificada, visa apenas repor os níveis de proteção que o ordenamento jurídico estabelecera como adequados.

A prorrogação das patentes permitia a recuperação de uma parte do prazo de proteção patentária, perdido por causa da duração dos ensaios (HAREID, 2009, p. 729 ss). Por exemplo, foram admitidas prorrogações de patentes por 5 anos nos casos em que a vida útil da patente tenha sido reduzida a menos de 14 anos por causa dos ensaios exigidos pela FDA. Embora os seus efeitos práticos sejam protelados no tempo, as mesmas criam expectativas económicas que podem revelar-se cruciais para atrair investidores e obter financiamento. Há muito que as empresas farmacêuticas inovadoras vinham chamando a atenção para a erosão da proteção patentária causada pela prologada

140 | DIREITO À SAÚDE E QUALIDADE DOS MEDICAMENTOS

duração dos ensaios pré-clínicos. O Congresso norte-americano não ficou indiferente ao mérito das pretensões da indústria. A prorrogação das patentes e a criação de direitos exclusivos pretenderam incentivar a inovação no mercado dos medicamentos, assegurando a remuneração dos investimentos realizados.

Em segundo lugar, introduziu-se um procedimento simplificado de autorização de introdução de medicamentos genéricos no mercado (*Abbreviated New Drug Application*-ANDA), libertando as empresas produtoras destes medicamentos do encargo de reproduzir os testes clínicos de segurança e eficácia já realizados para os medicamentos de referência que os genéricos pretendem copiar (WHEATON, 1986, p. 439 ss). Simultaneamente alterou-se a legislação existente, de forma a permitir a utilização de medicamentos patenteados na preparação dos testes a apresentar à FDA. Até então, os medicamentos genéricos só eram autorizados se e na medida em que apresentassem ensaios em quantidade e com alcance semelhantes aos exigidos para a autorização de medicamentos novos (*New Drug Applications*-NDA)[50].

A partir da nova lei, a autorização do medicamento genérico passou a ser concedida mediante a demonstração do mesmo princípio ativo, de bioequivalência e biodisponibilidade, tendo como referência o medicamento original. A simplificação do procedimento de autorização dos genéricos representou uma significativa redução de custos de entrada no mercado. Deste modo, procurou-se tornar os medicamentos mais acessíveis à generalidade do público, com especial atenção

---

[50] Este entendimento havia sido corroborado, pelo Supremo Tribunal norte-americano, no caso United States v. Generix Drug Corp 460 U.S. 453 (1983), apesar de a FDA ter atenuado a rigidez das suas exigências, contentando-se apenas com uma demonstração documental, pelos medicamentos genéricos, da verificação do cumprimento das exigências formuladas na NDA. Essa demonstração podia ser feita com base em publicações e estudos. No entanto, mesmo esta leitura mais flexível não representava uma redução substancial dos custos de entrada no mercado, na medida em que a possibilidade de prova documental era travada pelo segredo comercial.

DATA PACKAGE NO DIREITO INTERNACIONAL | 141

para os segmentos economicamente mais vulneráveis, equacionando os interesses das empresas de medicamentos genéricos que se tinham oposto à prorrogação das patentes. Por sua vez, esta prorrogação veio tornar mais aceitável, às empresas de medicamentos de referência, a simplificação do procedimento de autorização dos medicamentos genéricos.

Em terceiro lugar, consagrou-se a chamada exceção Bolar, revertendo uma orientação jurisprudencial anterior, mediante o estabelecimento de uma restrição legal ao âmbito de proteção das patentes[51]. Deste modo, retirou-se proteção patentária aos estudos e aos ensaios necessários à obtenção da aprovação de um medicamento genérico. A realização destes estudos e de ensaios com um princípio ativo patenteado deixou de constituir uma infração das patentes, contrariamente ao que tinha sido sustentado judicialmente pouco tempo antes (WHEATON, 1986, p. 462 ss). Por esta via, a FDA acaba por usar a informação do *Data Package* do medicamento de referência para autorizar os medicamentos genéricos, estabelecendo uma estreita ligação entre a questão das patentes e a dos dados de ensaios (CARVALHO, 2008, p. 302).

O legislador de Washington D.C. respondeu às queixas da indústria de genéricos que alertavam para o fato de não poderem desenvolver os seus produtos sem violar as patentes dos medicamentos de referência. A obrigação de começar os estudos do medicamento genérico apenas depois de caducada a patente retardava a entrada do

---

[51] No caso *Roche Products Inc. v. Bolar Pharmaceutical Co.*, 733 F.2d 858 (Fed. Cir. 04/23/1984), considerou-se que a realização de testes de bioequivalência de medicamentos genéricos com o princípio ativo de um medicamento de referência patenteado constituía uma violação da patente. Esta restrição aplicava-se mesmo que a empresa de genéricos obtivesse o princípio ativo de uma entidade devidamente licenciada ou que ela própria produzisse o princípio ativo de forma independente. Esta decisão, juntamente com a relutância dos médicos de prescrever genéricos e com os atrasos no procedimento de autorização de medicamentos junto da FDA, contribuiu largamente para a iniciativa legislativa bipardidária dos congressistas Orrin Hatch e Henry Waxman.

142 | DIREITO À SAÚDE E QUALIDADE DOS MEDICAMENTOS

medicamento genérico no mercado e correspondia a uma prorrogação *de fato* das patentes. Para resolver este problema, permitiu-se o desenvolvimento do medicamento genérico durante o decurso do prazo de proteção patentária. A despeito de a realização de testes com um princípio ativo patenteado ter objetivos económicos e comerciais indiscutíveis, nem por isso a mesma seria protegida pela patente, no quadro do equilíbrio de direitos e deveres estabelecido pelo *Hatch--Waxman Act*. Este diploma veio introduzir uma exceção singular à legislação patentária (GREENE, 2005, p. 313 ss).

Em quarto lugar, introduziu-se um sistema de *Patent-linkage*, através da criação, no seio da FDA, do chamado *Orange Book*[52], por meio do qual se pretendia prevenir a autorização de medicamentos genéricos no mercado durante o prazo de validade de uma patente, através de uma listagem dos vários tipos de patentes existentes (WHARTON, 2003, p. 1027 ss). Estas podem ser patentes de princípio ativo, de produto ou de uso. A existência de uma lista de patentes junto da FDA permitia a notificação do titular da patente do medicamento de referência da existência de um pedido de autorização de um medicamento genérico (ANDA), para a eventual interposição de uma ação judicial por infração da patente. A empresa que desencadeasse o ANDA deveria demonstrar 1) que não existe listagem de uma patente do medicamento original 2) que a patente caducou ou irá caducar e o genérico não será comercializado antes da caducidade ou 3) que a patente é inválida ou, sendo válida, não será violada. Esta última asserção criava um risco iminente de violação da patente, tendo a empresa titular da patente original 45 dias para interpor uma ação judicial contra a empresa de genéricos. Para esse efeito suspendia-se o procedimento de ANDA durante um prazo de 30 meses ou até à resolução judicial do litígio.

O sistema de "*Patent-linkage*" introduziu um nível acrescido de proteção das empresas farmacêuticos, na medida em que associou a

---

[52] O nome técnico deste Livro Laranja é: Approved Drug Products With Therapeutic Equivalence.

verificação da existência, validade e infração dos direitos patentários ao momento de autorização da introdução do medicamento genérico no mercado (ANDA), acabando por mobilizar os esforços das autoridades sanitárias para a proteção da propriedade intelectual. No processo, a concessão da autorização dos medicamentos genéricos é retardada, por forma a permitir o esclarecimento de todas as pretensões em confronto, por mais ténues que elas sejam (BAKER, 2008, p. 308). Escusado será dizer que o mesmo criou um incentivo para o depósito de várias patentes, válidas e inválidas, para um mesmo medicamento, através de pequenos aperfeiçoamentos incrementais do medicamento (*evergreening*) de maneira a conseguir beneficiar de sucessivas suspensões de 30 meses e retardar ainda mais a entrada de medicamentos genéricos no mercado.

O diploma em apreço criou igualmente um direito exclusivo de comercialização, pelo prazo de 180 dias, para as empresas de medicamentos genéricos que tenham apresentado um ANDA e impugnado com sucesso a validade de uma patente listada no *Orange Book*. Com isso visava-se incentivar as empresas de genéricos e compensá-las pelos custos incorridos na litigância. Um dos efeitos da litigância gerada foi a celebração de acordos entre as empresas inovadoras e de genéricos, retardando a entrada destes no mercado (GREENE, 2005, p. 327 ss). Estes acordos envolviam normalmente um *pagamento inverso* feito, pelas empresas de referência às empresas de genéricos, com vista a dissuadi-las de introduzirem o medicamento genérico no mercado. A designação do pagamento deve-se ao fato de o mesmo não ser feito pela empresa violadora da patente à empresa titular da patente supostamente infringida, mas ir no sentido inverso. Esta estratégia teve implicações imediatas no direito da concorrência, que não passariam despercebidas às autoridades competentes (HAREID, 2009, p. 731 ss).

Finalmente, e este é um aspeto central para o tema em análise, a proteção da informação dos ensaios clínicos através do segredo comercial, foi substituída pela criação de um direito limitado sobre a informação constante do *Data Package*. Foram estabelecidos alguns

144 | DIREITO À SAÚDE E QUALIDADE DOS MEDICAMENTOS

direitos exclusivos de comercialização de prazo variável, de acordo com as diferentes categorias de medicamentos, limitando assim a possibilidade de introdução de pedidos de autorização de medicamentos genéricos (WHEATON, 1986, p. 463 ss). Estes direitos exclusivos têm o mérito, além do mais, de criar um clima favorável à investigação de novos usos terapêuticos para os medicamentos e ao despiste de efeitos nocivos para a saúde. No fundo, criou-se um direito específico de segredo comercial, sobre informação não patenteada nem patenteável relativa a ensaios clínicos, com uma limitação temporal à semelhança do que sucede com as patentes. Em traços gerais, o equilíbrio encontrado reconduzia-se ao seguinte: as empresas de medicamentos genéricos viam antecipada a sua possibilidade de entrada no mercado, embora fossem obrigadas a respeitar escrupulosamente determinados prazos de proteção dos dados obtidos durante a fase de ensaios (BAKER, 2008, p. 305 ss.). A lei *Hatch-Waxman*, apesar de não ser perfeita nem isenta de controvérsia, constitui um interessante exemplo da possibilidade de compatibilizar a acessibilidade com a qualidade dos medicamentos. Ela teve reflexos positivos no custo dos medicamentos, que baixaram significativamente à medida que os medicamentos genéricos mais do que duplicaram a sua quota de mercado. Ao mesmo tempo, a indústria de medicamentos de referência continuou robusta, garantindo inovação e qualidade.

Nem por isso, contudo, as empresas de medicamentos de referência e de genéricos deixaram de explorar estrategicamente a indeterminação de algumas soluções para procurarem maximizar os seus interesses, em detrimento dos interesses dos consumidores, colocando em causa princípios fundamentais de direito da concorrência. Em 2003, e seguindo recomendações de um estudo da *Federal Trade Commission* (FTC)[53], o diploma em análise seria alterado pelo Título XI do *Medicare Prescription Drug and Modernization Act* (GREENE, 2005,

---

[53] Federal Trade Commission, Generic Drug Entry Prior to Patent Expiration: An FTC Study, (July 2002) disponível em www.ftc.gov/os/2002/07/gene ricdrugstudy.pdf.

DATA PACKAGE NO DIREITO INTERNACIONAL | 145

p. 311 ss). Desse modo reduziu-se a possibilidade de as empresas de medicamentos de referência introduzirem vários pedidos de patentes para beneficiarem da suspensão de 30 meses. Além disso, a nova lei veio precludir entendimentos entre empresas farmacêuticas, de referência e de genéricos, mediante os quais se viesse retardar a entrada de medicamentos genéricos no mercado, associando o direito exclusivo de 180 dias à introdução efetiva do medicamento genérico num prazo determinado. Também neste *Medicare Act* houve a preocupação de deixar intactos os direitos dos titulares das patentes, reforçando a ideia de que a maior acessibilidade dos medicamentos não tem que ser conseguida à custa dos direitos de propriedade intelectual.

Presentemente, o debate sobre a reforma da saúde nos Estados Unidos, com a administração de Barack Obama, encontra-se ao rubro. Certamente que novos equilíbrios serão encontrados. As despesas com a saúde aumentaram exponencialmente nas últimas décadas[54]. Os custos incorridos pelas famílias e pelas seguradoras com os medicamentos de referência continuam muito elevados. O alargamento do recurso aos medicamentos genéricos continua a ser considerado como uma via importante de redução de custos (YOUNG, 2009, p. 165 ss). Para o mesmo objetivo pode vir a mobilizar-se o controlo de preços ou a reimportação de medicamentos a partir do Canadá (HAREID, 2009, p. 742). Se a isto acrescentarmos as pressões regulatórias a que as empresas de referência estão sujeitas na Europa e noutras partes do mundo, como é o caso do Brasil, compreende-se a importância de reforçar a proteção da propriedade intelectual das empresas farmacêuticas de referência à escala global.

---

[54] Veja-se, por exemplo, o estudo da Kaiser Family Foundation, "Trends and Indicators in the Changing Health Care Marketplace: National Health Expenditures and Their Share of Gross Domestic Product, 1960-2004, http://www.kff.org/insurance/7031/ti2004-1-1.cfm. Aí se estima que entre 1993 e 2004 percentagem da despesa com a saúde duplicou nos Estados Unidos, representando agora cerca de 16% do PIB.

146 | DIREITO À SAÚDE E QUALIDADE DOS MEDICAMENTOS

Menos medicamentos novos no *pipeline*, ambiente regulatório pouco favorável, pressão da opinião pública, concorrência crescente dos medicamentos genéricos, são realidades que ensombram o futuro da indústria inovadora, e com ela, a garantia da saúde pública global, a médio e longo prazo. Por esse motivo é importante colocar a garantia de continuidade do desenvolvimento de medicamentos inovadores e de elevada qualidade no âmbito das dimensões concretizadoras nucleares do direito à saúde. Este não pode ser capturado pela demagogia populista fácil, pela unidimensionalidade redutora ou por uma visão tacanha de curto prazo.

7.3.2 O direito europeu e a legislação portuguesa

A União Europeia (UE), enfrenta problemas bastante semelhantes aos dos Estados Unidos. Por um lado, ela é sede de uma poderosa indústria farmacêutica de referência, cuja competitividade pretende assegurar, internacionalmente reconhecida por introduzir no mercado medicamentos inovadores de qualidade. Por outro lado, também aí os custos com a saúde têm vindo a subir significativamente nos últimos anos, aumentado a pressão sobre os orçamentos estaduais e os contribuintes. Por essa razão, o maior recurso aos medicamentos genéricos é percebido como uma via plausível para a redução substancial dos custos com a saúde. Na UE, a regulação da propriedade industrial da indústria farmacêutica pode ser compreendida como um corolário do objetivo de reforçar a competitividade da indústria farmacêutica europeia. Paralelamente, também aí existe todo o interesse em facilitar a entrada de medicamentos genéricos no mercado, embora sem restringir a *capacidade de prestação* da indústria farmacêutica de referência.

O problema da garantia da qualidade dos medicamentos tornou-se, na Europa, uma questão de importância crucial com a triste experiência da introdução no mercado da Talidomida, nos anos 60 do século XX, que resultou numa quantidade significativa de nascimentos de indivíduos afetados por graves deformações (YOUNG, 2009, p. 181).

DATA PACKAGE NO DIREITO INTERNACIONAL | 147

Tornou-se então claro que os europeus por motivo algum deveriam transigir na garantia da qualidade, segurança e eficácia dos medicamentos. Foi então aprovada uma Diretiva com orientações para a aprovação dos medicamentos[55]. Do mesmo modo, em 1993 foram dados passos no sentido de centralizar as regras e os procedimentos de autorização dos medicamentos, tendo sido estabelecida *European Agency for the Evaluation of Medicinal Products*[56]. Foi então introduzido um procedimento de autorização centralizada de medicamentos que até então não tinham sido admitidos (PURNHAGEN, 2008, p. 635). A sua utilização não tem sido muito relevante.

Edificando sobre esta base, e na sequência da avaliação feita destes desenvolvimentos, foi criada, em 2004, a *European Medicines Agency* (EMEA)[57], com sede em Londres. Deste modo foram aperfeiçoados os procedimentos de autorização de introdução dos medicamentos no mercado, ao mesmo tempo que se aproveitou a oportunidade para simplificar o nome da agência europeia. A EMEA desempenha um papel semelhante ao da FDA norte-americana, embora a nível supranacional. Ela é uma entidade descentralizada da UE, servindo o objetivo de proteger e promover a saúde humana e animal, mediante a avaliação científica dos pedidos de autorização de introdução de medicamentos no mercado, através de um procedimento centralizado.

Uma vez concedida a autorização ao medicamento, nos termos desse procedimento, a mesma é válida em todos os países da UE e nos Estados EEA-EFTA[58] (Islândia, Liechtenstein e Noruega). Entre

---

[55] Diretiva do Conselho 65/65, "On the Approximation of Provisions Laid Down by Law, Regulation or Administrative Action Relating to Medicinal Products", 1965 O.J. (L22) 369 (EC).

[56] Regulamento da Comissão 2309/93, "Laying Down Community Procedures for the Authorization and Supervision of Medicinal Products for Human and Veterinary Use and Establishing a European Agency for the Evaluation of Medicinal Products", 1993 O.J. (L 214) 1 (EC).

[57] Regulamento (EC) No 726/2004 do Parlamento Europeu e do Concelho, de 31 de Março de 2004.

[58] European Economic Area-European Free Trade Agreeement.

148 | DIREITO À SAÚDE E QUALIDADE DOS MEDICAMENTOS

outras coisas, a EMEA procura incentivar a investigação, o desenvolvimento e a inovação no setor farmacêutico, ao mesmo tempo que publica orientações sobre os requisitos a observar nos testes de qualidade, segurança e eficácia dos medicamentos[59]. Paralelamente ao procedimento centralizado é possível às empresas requererem autorizações para os seus medicamentos junto das autoridades sanitárias de um Estado da UE, designado por Estado de referência, obtendo depois a autorização de todos os outros através de um procedimento de reconhecimento mútuo[60] (PURNHAGEN, 2008, p. 636).

Para além da autorização sanitária, importa ainda atender aos aspetos mais relevantes da proteção da propriedade intelectual. Não existe uma patente europeia única, no seio da UE. Existe o Escritório Europeu de Patentes (European *Patent Office-EPO*), com sede em Munique, que centraliza o procedimento de aprovação das patentes. Este escritório foi criado pela Convenção Europeia de Patentes, em 1973, que estabelece as regras e os procedimentos de registo de patentes para a Europa. O EPO concede patentes europeias, que são válidas em todos os Estados em que o respetivo titular tenha validado o seu direito, através da tradução da patente e do pagamento de taxas. No entanto, uma vez concedida uma patente europeia, o respetivo regime fica dependente das leis nacionais, que podem ter conteúdo variável.

Por sua vez, a efetivação (*enforcement*) da proteção patentária fica a cargo das autoridades nacionais (HAREID, 2009, p. 733). As patentes europeias não afastaram os princípios da soberania e da territorialidade, apesar de múltiplas propostas nesse sentido (STOKES, 2000, p. 155). Na Europa, o pedido das patentes pode ser apresentado diretamente no EPO, ou resultar do exercício de um direito de prioridade nacional. Além disso, existe sempre a via do *Patent-Cooperation Treaty*

---

[59] Esta e outra informação relevante sobre a EMEA pode encontrar-se em http://www.emea.europa.eu/htms/aboutus/emeaoverview.htm.

[60] Diretiva do Conselho n.º 2001/83, 2001 O.J. (L311) 67 (EC).

(PCT), em vigor desde 1970 (GUELLEC & POTTERIE, 2007, p. 5 ss). Um estudo recente, levado a cabo no seio da Comissão, concluiu que tanto as empresas de medicamentos de referência como as de genéricos defendem a criação de uma patente europeia sem limites territoriais e de uma jurisdição europeia especializada em questões de propriedade intelectual[61]. A avaliar pela controvérsia em torno do Acordo de Londres[62], sobre a abolição da tradução das patentes, e a generalização das patentes em inglês, francês e alemão, o futuro não se afigura isento de turbulência (SICHEL, 2009, p. 143 ss; RILEY, 2002, p. 299).

Ao estabelecimento centralizado de normas sanitárias e procedimentos para a autorização dos medicamentos, não corresponde, na UE, a criação de um mercado único para o setor farmacêutico. As decisões em matéria de política de cuidados de saúde constituem um domínio nacional, relativamente ao qual o direito comunitário

---

[61] Competition Diretorate-General, European Comm'n, Pharmaceutical Setor Inquiry Preliminary Report: Executive Summary (2008), disponível em http://ec.europa.eu/competition/sectors/pharmaceuticals/inquiry/preliminary report.pdf.

[62] Acordo de Londres (AL), assinado em 17 de Outubro de 2000, sobre o artigo 65.º da Convenção da Patente Europeia (CPE). o artigo 1.º do AL vem dispensar a necessidade de tradução das patentes, alterando neste domínio a disciplina jurídica estabelecida pelo artigo 65.º da CPE. Nos termos dos §§ (1) e (2) do artigo em causa, essa dispensa de tradução valerá, não apenas quando o Estado parte tenha uma língua oficial em comum com uma das línguas oficiais do Instituto Europeu de Patentes (IEP), mas também quando não tenha, embora, nestes casos, apenas se se tratar de uma patente que tenha sido concedida na língua oficial do IEP designada pelo Estado parte, ou traduzida para uma dessas línguas. A única exceção à dispensa de tradução diz respeito às reivindicações das patentes, cuja tradução continua a poder ser exigida, nos termos do § (3) do artigo 1.º do AL. Os Estados permanecem livres para adotar um regime ainda mais liberal nesta matéria do que o estabelecido pelo AL. Antes do AL exigia-se a tradução das patentes em todas as línguas europeias relativamente às quais se pretendia que a patente vigorasse, que eram até há pouco 20 e passaram a ser 23 a partir de 1 de Janeiro de 2007, com o alargamento da União Europeia.

150 | DIREITO À SAÚDE E QUALIDADE DOS MEDICAMENTOS

manifesta a necessária deferência[63]. Os Estados, através dos seus serviços nacionais de saúde, continuam a ter um importante papel de controlo de preços, gerando-se uma posição de quase monopsónio ou oligopsónio. Essa posição de comprador dominante permite-lhes forçar reduções substanciais no preço dos medicamentos de referência. Só assim não será quando se esteja perante medicamentos com características únicas, não replicadas por outros, e que desempenhem uma importante função de saúde pública.

Ao mesmo tempo, os Estados membros da UE procuram adquirir um número maior de medicamentos genéricos, conseguindo ulteriores reduções de preços para os contribuintes e consumidores. A inexistência de um verdadeiro mercado comum no setor dos medicamentos, tem contribuído para a criação de diferentes indústrias farmacêuticas nacionais, com padrões *sub-ótimos* de investigação e desenvolvimento (YOUNG, 2009, p. 180 ss). Acresce que, na UE, são os médicos dos serviços nacionais de saúde, e não os pacientes, os responsáveis pela escolha dos medicamentos que irão ser adquiridos, por força do ato de prescrição, o que diminui o peso da concorrência de preços entre os medicamentos (HAREID, 2009, p. 734). A possibilidade de a prescrição ser alterada pelos farmacêuticos, no sentido de um genérico, é um tema controvertido nos vários Estados da UE.

À semelhança do que sucede nos Estados Unidos, também na UE os medicamentos são sujeitos a rigorosas exigências de qualidade, segurança e eficácia. As questões da proteção dos direitos de propriedade intelectual das empresas inovadoras e da garantia da qualidade dos medicamentos assumem, por isso, grande importância, à medida que as empresas de genéricos vão pedindo autorização para colocarem os seus produtos no mercado. Especialmente para as empresas inovadoras, os investimentos necessários à investigação e ao desenvol-

---

[63] Veja-se, na jurisprudência comunitária, Caso 181/82, Roussel Laboratories BV v. Netherlands, 1983 E.C.R. 03849; Caso 238/82, Duphar v. Netherlands, 1984 E.C.R. 00523. Aí se reconhece existir, no domínio da saúde pública, uma margem de decisão razoável para as autoridades nacionais.

vimento de novos produtos e à realização de prolongados testes sanitários são extremamente avultados. Daí que também se admita a prorrogação das patentes, através da obtenção de um Certificado de Proteção Suplementar (CPS), para recuperar algum do tempo perdido durante a realização dos ensaios[64]. A realidade europeia é complexa e apresenta diferenças significativas relativamente à norte-americana (YOUNG, 2009, p. 166 ss). Na impossibilidade de dar conta de todos os aspetos regulatórios, iremos cingir a nossa análise apenas a alguns dos aspetos que nos parecem mais relevantes para o debate em torno da proteção do *Data Package*.

Não tem existido, na UE, um sistema de *"Patent-linkage"* semelhante ao dos Estados Unidos. No entanto, a Europa não ficou indiferente à entrada em vigor da lei *Hatch-Waxman*, de 1984. Com a aprovação da Diretiva 87/21/EEC, foram introduzidos prazos de proteção do *Data Package* superiores aos estabelecidos nos Estados Unidos (BAKER, 2008, p. 307)[65]. No caso de medicamentos aprovados pela EMEA previa-se um prazo de exclusividade de dados de 10 anos, ao passo que se consagrava um prazo variável, entre 6 a 10 anos, no caso de medicamentos aprovados pelos Estados-Membros. Alguns anos mais tarde, a Diretiva 2001/83/EC veio disciplinar alguns aspetos previstos na Diretiva de 1987, regulando a exclusividade de dados numa moldura variável entre 6 e 10 anos. O sistema vigorou até à Diretiva n.º 2004/27/CE, em vigor desde 5 de Outubro de 2005, que introduziu modificações substanciais no regime dos direitos exclusivos sobre o *Data Package*.

Por força deste instrumento normativo, o direito da UE reconhece a importância crucial da existência de direitos exclusivos não patentários (JUNOD, 2004). Entre os principais objetivos da Diretiva n.º 2004/27/CE, conta-se a facilitação da entrada de medicamentos genéricos no mercado europeu, sem deixar de proteger os direitos de

---

[64] Regulamento n.º 1768/92, 1992 O.J. (L182) 1 (EC).

[65] A Diretiva de 1987 alterou a Diretiva 65/65 EEC 1987 O.J. (L 015) 36.

152 | DIREITO À SAÚDE E QUALIDADE DOS MEDICAMENTOS

propriedade intelectual e de proteção de dados das empresas produtoras de medicamentos de referência. A Diretiva de 2004 introduz uma variante europeia da exceção Bolar, acompanhada de um sistema de vários andares, que acaba por garantir um direito absoluto de exclusividade sobre o *Data Package*, de 8 anos (BAKER, 2008, p. 307).

As Diretivas constituem instrumentos normativos de direito comunitário que pretendem vincular os Estados quanto aos fins, embora deixando-lhe alguma margem de manobra quanto à eleição dos meios adequados para prosseguir esses fins (MACHADO, 2006, p. 722 ss). Porém, nalgumas partes do seu conteúdo as Diretivas são já bastante precisas e determinadas, podendo ter efeito direto, sem e contra as normas internas que procedam à sua transposição. A falta de transposição ou a transposição incorreta de uma Diretiva constitui uma violação caracterizada de direito comunitário, podendo levar à interposição de uma ação por incumprimento contra o Estado prevaricador e dar lugar à respetiva responsabilidade civil extra-contratual por dados causados aos particulares. Mesmo antes de transpostas, as Diretivas precludem a adoção de legislação contrária por parte dos Estados, obrigando à interpretação da legislação nacional em conformidade com o seu conteúdo. Está assim estabelecido o quadro normativo relevante para a apreciação da legislação portuguesa relevante. Em face do exposto, uma maneira de analisar o conteúdo desta Diretiva no domínio da proteção de dados pode consiste em analisar a legislação nacional que transpõe esta Diretiva.

Em Portugal, o artigo 19.º do Decreto-Lei n.º 176/2006, diploma que neste país procede à transposição da Diretiva n.º 2004/27/CE, do Parlamento Europeu e do Conselho, de 31 de Março de 2004, dispõe sobre o tratamento a dar aos ensaios clínicos (PINHEIRO & GORJÃO-HENRIQUES, 2009, p. 17 ss). O n.º 1 desta norma determina que, sem prejuízo dos direitos da propriedade industrial, o requerente fica dispensado de apresentar os ensaios pré-clínicos e clínicos previstos na alínea i) do n.º 2 do artigo 15.º, se puder demonstrar que o medicamento é um genérico de um medicamento de referência que tenha sido autorizado num dos Estados membros ou na Comunidade, há pelo menos oito anos[66]. Ou seja, a empresa de genéricos pode realizar testes e atividades preparatórias de pré-registo, mas só pode pedir a introdução do medicamento no mercado, depois de transcorrido o prazo de 8 anos (BAKER, 2008, p. 307 ss). Esta possibilidade afasta a orientação jurisprudencial seguida até então, que negava as pretensões das empresas de genéricos com base numa compreensão intransigente da proteção patentária[67]. Esse período de 8 anos garante um direito exclusivo sobre dados (*data exclusivity*). O mesmo, resultante da Diretiva 2004/27/CE, é uma solução de compromisso entre aqueles Estados que garantiam 10 anos e os outros, como Portugal, que apenas previam um prazo de 6 anos (PINHEIRO & GORJÃO-HENRIQUES, 2009, p. 64).

De acordo com a Diretiva 2004/27/CE, esta solução é igualmente aplicável quando o medicamento de referência não tiver sido autorizado no Estado-Membro em que tenha sido apresentado o pedido relativo ao medicamento genérico. A mesma é concretizada, no artigo 19.º/3 do diploma legislativo, com aplicação a medicamentos de referência cuja autorização de introdução no mercado no Estado membro de origem tenha sido concedida até 31 de Outubro de 2005. Em 2007, o Tribunal de Justiça da União Europeia (TJUE), no caso *Generics v. Licensing Authority UK*[68], considerou que um Estado não pode basear a sua autorização de um medicamento genérico numa autorização de um medicamento de referência concedida antes da adesão à União Europeia e sem respeitar os critérios definidos por esta.

O TJUE deixou bem claro que o procedimento abreviado de autorização não pode ser interpretado como permitindo a preterição das normas de segurança e de eficácia que os medicamentos devem preencher. Para a jurisprudência comunitária, importa, em ordem a que a autorização de um medicamento genérico possa ser emitida ao abrigo

---

[66] Veja-se artigo 10.o da Diretiva 2001/83/CE, na redação dada pelo artigo 1.º/8) da Diretiva n.º 2004/27/CE.

[67] Caso C-316/95, Generics BV v. Smith, Kline & French Labs. Ltd.

[68] Neste sentido, TJUC, C-527/07.

154 | DIREITO À SAÚDE E QUALIDADE DOS MEDICAMENTOS

do processo abreviado, que todas as informações e documentos relativos ao medicamento de referência continuem à disposição da autoridade competente a quem foi submetido o pedido de autorização[69]. Os produtores de medicamentos genéricos não estão dispensados de proceder aos ensaios farmacológicos, toxicológicos e clínicos normalmente exigidos pela regulamentação comunitária.

Independentemente da vigência ou caducidade da patente, o artigo 19.º/3 do diploma em causa estabelece que os medicamentos genéricos autorizados ao abrigo do mesmo só podem ser comercializados, consoante os casos, 10 anos após a autorização inicial do medicamento de referência, concedida a nível nacional ou comunitário, ou 11 anos após a autorização inicial do medicamento de referência, caso, nos primeiros 8 dos 10 anos, o titular da autorização de introdução no mercado do medicamento de referência tenha obtido uma autorização para uma ou mais indicações terapêuticas novas, que, na avaliação científica prévia à sua autorização, se considere trazerem um benefício clínico significativo face às terapêuticas até aí existentes. Esta exigência de um prazo de 10 ou 11 anos entre a primeira autorização e uma segunda autorização estabelece um direito exclusivo de comercialização (*marketing exclusivity*) que consiste, estruturalmente, numa proteção dos dados submetidos quando do procedimento de autorização (JUNOD, 2004, p. 479). A solução europeia articula a exclusividade de dados e a exclusividade de comercialização de forma complementar (CARVALHO, 2008, p. 285). Ela assenta numa valoração positiva dos ensaios clínicos realizados em ordem a garantir a segurança e a eficácia dos medicamentos, juntamente com a exploração de novos usos terapêuticos para os medicamentos já existentes.

Nesta linha se inscreve o n.º 7 do artigo 19.º, quando estabelece um ulterior direito à proteção de dados, por um ano, não cumulativo, quando o titular de uma autorização de introdução no mercado tiver apresentado um pedido para uma nova indicação terapêutica de uma

---

[69] Neste sentido, TJUC, AstraZeneca, C223/01.

DATA PACKAGE NO DIREITO INTERNACIONAL | 155

substância ativa bem conhecida e realizado ensaios pré-clínicos ou clínicos significativos relativos à nova indicação[70]. Esta solução baseia-se no princípio da proporcionalidade direta entre o esforço desenvolvido e a dignidade de proteção (CARVALHO, 2008, p. 295 ss). Trata-se de uma solução do tipo "TRIPS-plus" que reconhece que proteção da saúde pública é melhor servida, a médio e longo prazo, por um reforço da proteção do *Data Package*, por via de um direito exclusivo de comercialização, e não pelo respetivo enfraquecimento. Por sua vez, o n.º 8 do artigo 19.º dispõe que "[s]em prejuízo do disposto no artigo 102.º do Código da Propriedade Industrial, aprovado pelo Decreto-Lei n.º 36/2003, de 5 de Março, a realização dos estudos e ensaios necessários à aplicação dos n.ᵒˢ 1 a 6, e as exigências práticas daí decorrentes, não são contrárias aos direitos relativos a patentes ou a certificados complementares de proteção de medicamentos."

Consagra-se deste modo uma restrição aos direitos exclusivos patentários, com o objetivo de remover barreiras à entrada de medicamentos genéricos no mercado, sem restringir dimensões essenciais dos direitos de propriedade intelectual. Regra geral, as soluções do artigo 19.º têm efeitos prospetivos. Nos termos de uma norma transitória estabelecida no artigo 203.º/3 do Decreto-Lei n.º 176/2006, os períodos de proteção de dados previstos no artigo 19.º não se aplicam a medicamentos de referência relativamente aos quais tenha sido apresentado um pedido de autorização até 31 de Outubro de 2005, bem como aos medicamentos que, tendo sido primeiro autorizados pela autoridade competente de um Estado membro, sejam depois submetidos ao procedimento comunitário centralizado.

No seu conjunto, o artigo 19.º do Decreto-Lei n.º 176/2006 reveste-se do maior relevo para os problemas discutidos neste estudo. Todavia, o seu significado mais profundo tem que ser procurado na disciplina jurídica europeia, introduzida pela Diretiva 2004/27/CE, que o

---

[70] Veja-se artigo 10.1 e 10.5 da Diretiva 2001/83/CE, na redação dada pelo artigo 1.º/8) da Diretiva n.º 2004/27/CE.

156 | DIREITO À SAÚDE E QUALIDADE DOS MEDICAMENTOS

diploma em análise transpõe para a ordem jurídica portuguesa. Ele é parte de uma disciplina jurídica europeia que pretende vigorar nos 27 Estados Membros e que visa harmonizar interesses em confronto, dentro de parâmetros de promoção da inovação e da qualidade dos medicamentos. É assim que se compreende a adoção de uma solução complexa e equilibradora.

Por um lado, consagra-se um equivalente europeu à exceção Bolar, consagrada pela lei *Hatch-Waxman*, admitindo-se a realização de experiências com medicamentos patenteados, durante a vigência da patente, de forma a demonstrar bioequivalência do medicamento genérico (PINHEIRO & GORJÃO-HENRIQUES, 2009, p. 67). Esta exceção é acompanhado pela concessão, às empresas de medicamentos de referência, de um direito exclusivo sobre os dados dos ensaios, por um prazo de 8 anos. Ao mesmo tempo, estabelece-se um procedimento simplificado e expedito de autorização (do tipo da *Abreviated New Drug Application*) mediante o qual se pretende facilitar a introdução de medicamentos genéricos no mercado.

Uma referência ao problema dos direitos exclusivos de propriedade intelectual na UE estaria incompleta se não se destacasse o papel que o direito comunitário da concorrência, na sua dupla dimensão europeia e nacional, continua a desempenhar no setor farmacêutico (YOUNG, 2009, p. 182). O mesmo é uma peça fundamental da construção de um mercado único. Ele previne acordos entre empresas e práticas concertadas, combate os abusos de posição dominante[71], controla as fusões de empresas[72] e fiscaliza as ajudas de Estado às mesmas[73]. A Comissão desempenha um papel fundamental neste domínio, juntamente com as autoridades da concorrência dos Estados membros, formando uma rede europeia de autoridades da concorrência.

O direito comunitário da concorrência vincula não apenas as empresas, incluindo as que tenham como finalidade a satisfação de inte-

---

[71] Artigos 81.º a 86.º do Tratado da Comunidade Europeia (TCE). Regulamento n.º 1/2003/CE.

[72] Regulamento n.º 139/2004/CE.

DATA PACKAGE NO DIREITO INTERNACIONAL | 157

resses económicos gerais, mas também as instituições comunitárias e os Estados. Estes não podem tomar medidas que lhe sejam contrárias, estando positivamente obrigados a promover a sua execução de forma imparcial. No setor farmacêutico, a Comissão tem vindo a promover um mais rigoroso cumprimento do direito da concorrência, particularmente nos casos em que as tentativas de afastar as empresas de genéricos do mercado por parte da indústria de referência se afigurem injustas[74]. Na UE, tal como nos Estados Unidos, algumas empresas têm abusado do quadro regulatório existente com o objetivo de defenderem os seus interesses. Isso é assim, note-se, tanto no que toca às empresas de referência, como às empresas de genéricos (HAREID, 2009, p. 727 ss), não havendo aqui qualquer margem para a diferenciação maniqueísta entre umas e outras. O que não significa, evidentemente, que não existam muitas práticas comerciais de defesa dos direitos e interesses das empresas, mesmo com implicações na concorrência, inteiramente legítimas[75].

Na sequência do caso AstraZeneca, a Comissão têm devotado crescente atenção à necessidade de dinamizar a concorrência no mercado dos medicamentos, através da Direção Geral (IV) da Concorrência, que funciona como um equivalente europeu da *Federal Trade Comission*. Um estudo recente divulgado por esta entidade dá mostras de

---

[73] Artigos 87.º a 89.º TCE.

[74] Veja-se, por exemplo, o caso COMP/M.1806-AstraZeneca/Novartis) O.J. (L 110) 1. Aí a Comissão considerou abusivas de posição dominante, violando o artigo 82.º do TCE, as ações levadas a cabo pela empresa AstraZeneca, relativamente ao seu bem sucedido produto Losec, com o objetivo de evitar a produção de versões genéricas deste produto. Entre outras coisas, a AstraZeneca forneceu informação enganosa ao EPE, na tentativa de obter um CPS e prorrogar assim a patente do Losec, sem ter direito a isso. A Comissão sustentou que o ato de iludir as entidades reguladoras para tentar aumentar os níveis de proteção constitui um desincentivo à inovação e uma violação grave do direito da concorrência. A AstraZeneca foi então multada em 60 milhões de euros. (NEGRINOTTI, 2008, p. 446).

[75] Caso C-53/03, Syfait v. Glaxo Smith Klein AEVE, 2005 E.C.R. I-4609 (opinião do Advogado Geral Jacobs).

158 | DIREITO À SAÚDE E QUALIDADE DOS MEDICAMENTOS

algumas tendências preocupantes[76]. Se é certo que as empresas de medicamentos de referência têm recorrido a certas práticas anti-competitivas, de forma a protelar a produção e comercialização de medicamentos genéricos, também o é que existe evidência empírica de uma preocupante diminuição do número de medicamentos inovadores no mercado. Na UE, a proteção dos direitos de propriedade intelectual e a concorrência entre medicamentos de referência e genéricos, uma vez transcorridos os prazos de proteção da propriedade intelectual, são considerados os meios mais importantes de promoção da inovação no medicamento. Uma preocupação excessiva com a introdução de medicamentos genéricos no mercado acabará por criar um forte desincentivo à inovação (HAREID, 2009, p. 742).

Neste quadro complexo e dinâmico, o problema das relações entre a indústria de medicamentos de referência e a de genéricos está longe de pacificado. As empresas de medicamentos de referência têm um número cada vez mais reduzido de novos medicamentos no *pipeline*, enfrentando uma concorrência crescente dos medicamentos genéricos. Entre os pontos mais contenciosos contam-se os debates em torno do *Patent-linkage*. Enquanto uns sustentam a introdução de qualquer coisa como um *Orange Book* na Europa, outros opõem-se-lhe de forma veemente.

---

[76] Isso mesmo é evidente no recente estudo, divulgado pela Comissão, "Competition Directorate-General, European Comm'n, Pharmaceutical Sector Inquiry Preliminary Report: Executive Summary" (2008), available at http:// ec.europa.eu/competition/sectors/pharmaceuticals/inquiry/preliminary report.pdf. Este estudo conclui, a partir da análise de alguns medicamentos, que os medicamentos genéricos tendem a entrar no mercado em média cerca de 7 meses depois de caducada a patente. Inicialmente os mesmos têm um preço 25% mais baixo do que o do medicamento de referência, o qual dois anos depois acaba por descer para cerca de 40%. A introdução imediata de genéricos dos medicamentos estudados representaria uma poupança mil milhões de euros. Para os medicamentos analisados no estudo, a DG IV identificou a existência, na UE, de 700 processos judiciais sobre patentes. As empresas de genéricos ganham em média 62% dos processos judiciais, arrastando-se os mesmos, em média, durante 2,8 anos. Muitos destes processo acabam em acordos anti-concorrenciais, à semelhança do que sucede nos Estados Unidos.

Igualmente relevante é a política de controlo de preços dos medicamentos seguida por muitos Estados europeus, pela sua política de centralização de compras nos serviços nacionais de saúde. A mesma tem assegurado quotas de mercado importantes às empresas de referência, embora a preços mais baixos. Isso tem levado algumas empresas norte-americanas a elevar o preço dos seus medicamentos nos Estados Unidos para compensarem a quebra dos lucros na Europa[77]. Simultaneamente, essa política de controlo dos preços tem favorecido o aumento gradual da quota de mercado de medicamentos genéricos (YOUNG, 2009, p. 103).

A análise da situação europeia afigura-se importante para o estudo da questão central deste trabalho. A mesma dá mostras de uma realidade dinâmica, em que a tensão comercial entre as empresas farmacêuticas de medicamentos de referência e de genéricos é uma verdade inegável. Não obstante, nem por isso se tem deixado de procurar um equilíbrio razoável e justo para as pretensões em confronto, na convicção de que só isso interessa à proteção e promoção da saúde a curto, médio e longo prazo.

Até ao momento, a UE tem-se mantido fiel ao objetivo de facilitar a entrada de medicamentos genéricos no mercado, sem deixar de reforçar a competitividade da indústria farmacêutica de referência e de garantir a inovação e a qualidade dos medicamentos no processo. Ela tem procurado incentivar a concorrência entre medicamentos de referência e genéricos, sem pôr em causa a proteção patentária e os direito exclusivos sobre o *Data Package*. Embora se saliente a importância da limitação de custos dos medicamentos, há a consciência de que isso não pode reduzir substancialmente a quantidade e qualidade dos medicamentos inovadores. Um quadro regulatório equilibrado e razoável não deixará, além do mais, de desincentivar o recurso a tácticas agressivas e mesmo ilegais por parte das empresas do setor farmacêutico.

---

[77] Uma discussão deste tema pode ver-se no artigo de Vanessa Fuhrmans e Gautam Naik, "Drug Makers Fight to Fend Off Cuts In European Prices", publicando Wall Street Journal, em 7 de Junho de 2002.

8
Registo de medicamentos
e *Data Package* no Brasil

Depois analisados os dados normativos mais importantes relativos ao registo dos medicamentos e à proteção do "Data Pakage" nos Estados Unidos e na Europa, importa considerar o modo como esta matéria é encarada pelo ordenamento jurídico brasileiro. As considerações anteriores mostram a viabilidade da harmonização das pretensões legítimas da indústria farmacêutica de referência e da indústria de genéricos. A mesma afigura-se essencial para a garantia da saúde pública, na medida em que promove a inovação e a qualidade dos medicamentos, juntamente com a sua maior acessibilidade. Nas linhas que se seguem procuraremos indagar em que medida é que o direito brasileiro segue essa mesma orientação. A referência ao direito brasileiro é especialmente relevante, a todos os títulos. Por um lado, a comunhão de língua facilita um mais fácil estudo deste direito ao jurista português. Além disso, o direito brasileiro reporta-se a uma economia emergente, de relevo crescente a nível internacional, integrando o célebre conjunto dos BRIC's (Brasil, Rússia, Ìndia e China), que são Estados que conhecidos tradicionalmente por desconsiderarem a proteção da propriedade intelectual dos mais desenvolvidos, mas a quem o rápido desenvolvimento económico, científico e tecnológico que conheceram nas últimas décadas tem confrontado com a necessidade de reforçarem a proteção da propriedade intelectual.

162 | DIREITO À SAÚDE E QUALIDADE DOS MEDICAMENTOS

8.1 Direitos exclusivos patentários

Como ponto de partida para o estudo da realidade brasileira deve tomar-se o artigo 5.º XXIX da Constituição Federal brasileira, de 1988. Este preceito dispõe que "[a] lei assegurará aos autores de inventos industriais privilégio temporário para sua utilização, bem como proteção às criações industriais... ...tendo em vista o interesse social e o desenvolvimento tecnológico e industrial do País". Ele insere-se no Título II, relativo aos direitos e garantias fundamentais, e no Capítulo I, sobre os direitos e deveres individuais e coletivos. A sua inserção sistemática é especialmente elucidativa, do ponto de vista das respetivas implicações hermenêuticas e dogmático-constitucionais. Ela demonstra a intenção do legislador constituinte brasileiro de reconduzir, de forma inequívoca, a propriedade intelectual aos direitos e fundamentais individuais e coletivos, à semelhança do que sucede na generalidade dos ordenamentos constitucionais e no direito internacional. Trata-se aí de um direito fundamental, com origem e dignidade formal e materialmente constitucional, que se manifesta numa *imposição constitucional legiferante*, concreta e precisa, de conformação do conteúdo e dos limites do direito em causa. O seu incumprimento pelo legislador ordinário acarretaria, certamente, uma inconstitucionalidade por omissão.

Contrariamente ao que alguns entendem (LYARD, 2006, p. 31), a ligação que expressamente se estabelece entre o direito de propriedade intelectual e o desenvolvimento tecnológico e económico do país não constitui, por si só, uma desvalorização do direito ou a sua colocação na dependência do legislador ordinário brasileiro. Com efeito, este não pode deixar de garantir o direito de propriedade industrial, nem pode fazê-lo de uma forma que desconheça a dependência do desenvolvimento tecnológico e económico da criatividade, iniciativa e inventividade humana e o papel da proteção da propriedade intelectual na criação de uma estrutura de incentivos favorável à sua promoção.

Ao legislador ordinário cabe proceder a uma ponderação equilibrada e constitucionalmente saudável entre os direitos fundamentais e

REGISTO DE MEDICAMENTOS E DATA PACKAGE NO BRASIL | 163

o interesse geral, sendo a proteção dos direitos fundamentais um elemento constitutivo essencial desse mesmo interesse geral. No caso da proteção da propriedade intelectual no setor farmacêutico, há muito que se reconhece que a mesma favorece a criatividade e a inventividade, na medida em que incentiva e remunera os investimentos realizados nesse domínio. Uma política que não aposte no desenvolvimento de medicamentos inovadores e de qualidade assegurada, mas apenas na cópia de qualidade duvidosa de produtos já existentes, dificilmente pode ser defendida mobilizando o objetivo constitucional de promoção do desenvolvimento tecnológico e económico.

É com este pano de fundo que se deve ter em conta a Lei n.º 9.279/ /96, sobre propriedade industrial. Nesse instrumento normativo, o artigo 42.º § I consagra os direitos exclusivos do titular da patente. De acordo com este preceito, "[a]patente confere ao seu titular o direito de impedir terceiro, sem o seu consentimento, de produzir, usar, colocar à venda, vender ou importar com estes propósitos um […] produto objeto de patente". Esta norma assume um especial relevo no contexto atual, em que, desde a entrada em vigor do Acordo TRIPS, se reconhece a patenteabilidade dos produtos farmacêuticos. Para um Estado como o Brasil, a proteção da propriedade intelectual dos produtos farmacêuticos abre maiores possibilidades de desenvolvimento de uma indústria farmacêutica inovadora própria. Os anos em que os produtos estrangeiros eram livremente copiados por empresas nacionais, sem um controlo de qualidade adequado, não conseguiram quebrar o ciclo de dependência brasileira relativamente ao estrangeiro (LYARD, 2006, p. 29).

Alguma doutrina interpreta este direito de proteção patentária como sendo um privilégio, à luz da Constituição Federal Brasileira de 1988, com uma natureza jurídica diferente da que corresponde ao direito de propriedade sobre as marcas (BARBOSA P. M., 2009, p. 219). Este entendimento afigura-se improcedente, no plano substantivo, na medida em que a proteção patentária tem subjacente a proteção do esforço criativo e inventivo. A justificação para a proteção da propriedade intelectual dos inventores tem pleno fundamento na noção teoré-

164 | DIREITO À SAÚDE E QUALIDADE DOS MEDICAMENTOS

tico-jurídica segundo a qual o estabelecimento de direitos de propriedade é especialmente justificável nos casos em que o trabalho e a
criatividade acrescentam valor à natureza física.

Essa justificação encontra um dos seus exemplos mais paradigmá-
ticos aí onde se verifica um salto inventivo, gerador de informação
nova, produto do investimento material e imaterial em recursos financeiros e capital intelectual. No entanto, ela também permite alargar a
proteção da propriedade intelectual aos casos em que as empresas
investem, porque a isso são obrigadas, na realização de prolongados e
onerosos ensaios pré-clínicos e clínicos para demonstrar a qualidade,
segurança e eficácia dos seus produtos. Independentemente da natureza que se reconheça ao direito exclusivo patentário, certamente que
o mesmo pode conhecer algumas restrições. Desde logo, o artigo 43.º
I da Lei n.º 9.279/96 determina que os direitos exclusivos patentários
não se aplicam "aos atos praticados por terceiros não autorizados, em
caráter privado e sem finalidade comercial, desde que não acarretem
prejuízo ao interesse econômico do titular da patente". Para se prevalecer desta norma, prevê-se um Registo Especial Temporário[78].

Igualmente relevante, neste âmbito, é o artigo 43.º § VII desse
mesmo diploma, que exclui do direito do titular da patente a possibilidade de impedir "atos praticados por terceiros não autorizados,
relacionados à invenção protegida por patente, destinados exclusiva-
mente à produção de informações, dados e resultados de testes, visando à obtenção do registo de comercialização, no Brasil ou em outro
país, para a exploração e comercialização do produto objeto da patente, após a expiração dos prazos estipulados no art. 40. (Incíso incluído
pela Lei n.º 10.196, de 14.2.2001)". Esta norma tem como matriz a
conhecida exceção Bolar, incorporada na lei *Hatch-Waxman*, de 1984,

---

[78] Este RET é definido, pelo artigo 1.º XLIII do Decreto n.º 4.074/02 como
"ato privativo de órgão federal competente, destinado a atribuir o direito de
utilizar um agrotóxico, componente ou afim para finalidades específicas em pesquisa e experimentação, por tempo determinado, podendo conferir o direito
de importar ou produzir a quantidade necessária à pesquisa e experimentação".

cujo objetivo consiste em permitir uma rápida entrada de medicamentos genéricos no mercado, logo que transcorrido o prazo de proteção patentária. Trata-se de uma solução de compromisso, através da qual se pretende compatibilizar a garantia de uma proteção patentária substancial, com a garantia do direito à saúde do público em geral e dos interesses dos contribuintes.

Estas considerações permitem que se introduza mais um importante dado para a análise constitucional e legal desta problemática. O artigo 196.º da Constituição federal brasileira garante o direito à saúde. De acordo com esta norma, " [a] saúde é um direito de todos e dever do Estado, garantindo mediante políticas sociais e económicas que visem a redução do risco de doença e de outros agravos e o acesso universal e igualitário às ações e serviços para a sua promoção, proteção e recuperação". O preceito constitucional em causa deve ser interpretado em conformidade com o direito à saúde, tal como consagrado nos instrumentos internacionais. Ele deve apontar para a elevação, tanto quanto possível, dos padrões de realização do direito em presença. Assim sendo, o artigo 196.º da Constituição proíbe que o governo tome ações que diminuam o nível de realização do direito à saúde. Esta norma impede que o governo baixe a fasquia no que respeita ao nível de exigência de controlo qualidade, segurança e eficácia dos medicamentos, aspeto que se reveste da maior importância para os pontos seguintes.

8.2 Medicamentos similares, genéricos e de referência

A indústria farmacêutica compreende, essencialmente, empresas produtoras de medicamentos de referência, por um lado, e de medicamentos genéricos, por outro. No Brasil, a Lei n.º 6.360/76 distingue, no artigo 3.º incisos XX a XXII, entre medicamentos similares, genéricos e de referência. Assim é, desde que a Lei n.º 9.787/99, de 10 de Fevereiro, introduziu a categoria dos medicamentos genéricos. A Lei dos Genéricos veio alterar a redação da Lei n.º 6.360/76, apresentando maior

166 | DIREITO À SAÚDE E QUALIDADE DOS MEDICAMENTOS

detalhe na especificação das modalidades dos medicamentos similares e de referência. No texto legal consolidado, os medicamentos genéricos e similares são referidos e definidos em primeiro lugar. Detenhamo--nos sobre os termos da diferenciação legal.

Os *medicamentos similares* caracterizam-se por terem o mesmo ou os mesmos princípios ativos, a mesma concentração, forma farmacêutica, via de administração, posologia, e indicação terapêutica, sendo equivalentes ao medicamento registado junto da entidade competente, que atualmente é a Agencia Nacional de Vigilância Sanitária-ANVISA[79]. No entanto, admite-se que sejam diferentes, quanto ao tamanho e forma do produto, prazo de validade, embalagem, rotulagem, excipientes e veículos. O medicamento similar deve ser identificado por nome comercial e marca. Diferentemente do que sucede com os medicamentos genéricos, de que se fala a seguir, a lei não menciona qualquer pretensão de intercambialidade do medicamento similar relativamente ao medicamento de referência. Além disso, o fato de se admitir diferenças entre um e outro, no que concerne o prazo de validade, afigura-se algo perturbador. A razão para isso reside no fato de que uma diferença quanto ao prazo de validade só se justifica se existirem diferenças no domínio da qualidade dos medicamentos em causa. E a existência destas diferenças é incompatível com a identidade de posologia e indicação terapêutica (e logo de bula) que, nos termos da lei, caracteriza a relação entre o medicamento similar e o de referência. Digna de nota é a ausência de uma referência expressa à compatibilização dos medicamentos similares com o respeito devido aos direitos de propriedade intelectual e outros direitos exclusivos, como sucede no caso dos medicamentos genéricos.

A descrição legal dos medicamentos similares torna a sua existência particularmente problemática, do ponto de vista do direito à saúde consagrado no artigo 196.º da Constituição brasileira. Tudo indica que este artigo é violado pelos medicamentos similares, na medida em

---

[79] Lei n.º 9.782/89, de 26 de Janeiro.

que se permite que estes entrem no mercado com efeitos terapêuticos distintos, mas sem ajuste de dosagem. Mesmo que isso não viole os direitos de exclusivo do titular da patente, viola o direito à saúde dos pacientes e os seus direitos enquanto consumidores. Estes adquirem um produto convencidos da sua qualidade, segurança e eficácia, até porque as bulas são exatamente iguais. Quando verificam que o mesmo não funciona, deixam de confiar no próprio medicamento de referência. Além dos efeitos negativos na proteção do direito à saúde, esta realidade é problemática do ponto de vista do direito da concorrência. A perda de credibilidade do medicamento de referência por causa dos defeitos do medicamento similar configura um ato de concorrência desleal.

Por seu lado, os *medicamentos genéricos* são definidos como medicamentos similares a produtos de referência, ou inovadores, *pretendendo* ser intercambiáveis. Como vimos, esta *pretensão* de intercambialidade é mencionada na definição dos genéricos, mas está ausente da definição dos medicamentos similares. O que é tanto mais intrigante, quanto é certo que os medicamentos genéricos são definidos como similares a um produto inovador e que a definição de genéricos fala apenas, em termos algo enigmáticos, de uma *pretensão* de intercambialidade, e não de uma exigência absoluta de intercambialidade. Ou seja, parece que nem os medicamentos similares propriamente ditos, nem os medicamentos genéricos estão sujeitos a uma exigência rigorosa de intercambialidade com o medicamento de referência. Este fato é problemático, do ponto de vista da garantia de padrões tão elevados quanto possível de direito à saúde, como se exige no direito internacional dos direitos humanos.

O conceito de intercambialidade não tem uma natureza técnico-farmacêutica, resultando de uma construção burocrático-administrativa. A intercambialidade consiste, nos termos do artigo 3.º XXIII da Lei n.º 6.360/76, na equivalência terapêutica com o medicamento de referência, comprovados, essencialmente, os mesmos efeitos de eficácia e segurança. Uma característica definitória do medicamento genérico, segundo o artigo 3.º da Lei de vigilância sanitária, consiste em o

168 | DIREITO À SAÚDE E QUALIDADE DOS MEDICAMENTOS

mesmo ser geralmente produzido após a caducidade ou renúncia da proteção patentária ou de outros direitos de exclusividade. O teor literal do preceito atesta o reconhecimento de que os medicamentos genéricos devem ser compatibilizados com os direitos de propriedade intelectual e outros direitos exclusivos. A referência a outros direitos exclusivos abrange, certamente, a informação gerada durante os ensaios a que os medicamentos são sujeitos.

Os *medicamentos de referência* são definidos na lei em termos meramente residuais e negativos. Alude-se ao seu caráter inovador, embora num sentido não técnico, bem como ao fato de a sua eficácia, segurança e qualidade deverem ser comprovados cientificamente junto da autoridade competente. A comprovação científica a que se refere é a que explica a existência de um *Data Package*, com toda a informação relativa aos resultados dos testes pré-clínicos e clínicos, nas suas diversas fases. Em todo o caso, não há dúvida de que se espera que o medicamento de referência constitua um padrão de qualidade, segurança e eficácia para os medicamentos similares e genéricos. Assegurando o direito à saúde um padrão de cuidados de saúde tão elevado quanto possível, os medicamentos de referência, pelo seu caráter inovador e pioneiro e pelas garantias científicas experimentais que rodearam a sua aprovação, não poderão deixar de assumir um lugar central no estabelecimento dos *standards* aceitáveis de proteção e promoção deste direito humano fundamental.

Esta distinção legal entre medicamentos similares, genéricos e de referência tem interesse prático, nomeadamente em sede de registo dos medicamentos. No entanto, algumas das incertezas apontadas na exegese das definições pertinentes são corrigidas quando se referem as condições a que está subordinado o respetivo registo. Como se verá, todos os medicamentos, e não apenas os inovadores, estão sujeitos, em maior ou menor medida, a uma exigência de comprovação da qualidade, segurança e eficácia. E essa comprovação, para valer alguma coisa, tem que observar padrões científicos elevados. Se assim não for, é a proteção da saúde pública, garantida no artigo 196.º da Constituição federal, que sai irremediavelmente comprometida.

8.3 Registo dos medicamentos

O registo dos medicamentos encontra-se regulado no artigo 12.º da Lei n.º 6.360/76 de 23 de Setembro, sobre vigilância sanitária, sucessivamente alterada. O mesmo é condição indispensável para a industrialização, comercialização e consumo dos mesmos. O registo depende da verificação de um amplo conjunto de diretrizes e exigências dos órgãos federais responsáveis pelos setores de agricultura, saúde e meio ambiente. A qualidade, segurança e eficácia dos medicamentos tem que ser convenientemente atestada por um conjunto de relatórios, dados e informações especificados pelas autoridades competentes. O registo dos medicamentos é, desde a entrada em vigor da Lei n.º 9.782/89, de 26 de Janeiro, da competência da ANVISA. Sobre esta entidade administrativa impende a responsabilidade de implementar e executar as normas de vigilância sanitária no Brasil, incluindo o controlo de todos os produtos e serviços que envolvam risco para a saúde pública[80].

O artigo 16.º da Lei n.º 6.360/76, sobre vigilância sanitária, estabelece alguns requisitos específicos a que estão sujeitos drogas, medicamentos, insumos farmacêuticos e correlatos. Para além dos requisitos relativos ao nome do produto, mencionados no inciso I, o inciso II do artigo 16.º exige que o produto seja reconhecido como seguro e eficaz para o uso a que se propõe, mediante comprovação científica e de análise, devendo ainda possuir a identidade, atividade, qualidade, pureza e inocuidade necessárias. A comprovação científica cabe à entidade que solicita o registo sanitário, com base na informação gerada ao longo das várias fases de desenvolvimento do medicamento.

O conjunto de requisitos legais mencionado deve ser devidamente considerado na sua especificidade, na medida em que cumpre uma função sanitária não negligenciável, essencial para a garantia da saúde pública. A segurança do medicamento prende-se com a isenção de

---

[80] Artigo 8.º da Lei n.º 9.782/89, de 26 de Janeiro.

170 | DIREITO À SAÚDE E QUALIDADE DOS MEDICAMENTOS

efeitos adversos inesperados, determinada por ensaios farmacológicos e toxicológicos. Estes ensaios são igualmente importantes para a verificação da eficácia do medicamento, a qual consiste na obtenção do efeito terapêutico esperado. Por sua vez, a identidade do medicamento pretende certificar a identidade entre as substâncias ativas, mediante ensaios físicos e físico-químicos. Um conjunto de estudos de farmacocinética e farmacodinâmica irá controlar a atividade do medicamento, definida como a ação esperada das substâncias ativas.

A qualidade do medicamento será aferida pelo controlo químico e físico dos componentes do produto, segundo o disposto nos manuais de boas práticas de fabricação. A pureza é verificada mediante o controlo químico dos componentes do produto, tendo como objetivo assegurar a inexistência de contaminação, através de ensaios químicos e físico-químicos. Finalmente, a inocuidade pretende determinar o grau de efeitos adversos esperados, por via de ensaios farmacológicos e toxicológicos. Para a demonstração destes requisitos, todas as empresas que pretendem introduzir medicamentos no mercado devem prestar à ANVISA toda a informação demonstrativa adequada e necessária.

O inciso II do artigo 16.º reveste-se do maior relevo, na medida em que se aplica a todos os medicamentos, incluindo os medicamentos genéricos e similares. A sua vigência não foi minimamente beliscada com a aprovação da Lei dos Genéricos, em 1999. Do ponto de vista legal, não podem ser criadas quaisquer derrogações às exigências prescritas, por iniciativa administrativa. Não são admitidos quaisquer atalhos ou flexibilidades. Assim é, tendo em conta a superior importância que a vigilância sanitária dos medicamentos reveste para a garantia da saúde pública. A ANVISA está sujeita, como não poderia deixar de ser, ao princípio da legalidade da administração, e aos seus subprincípios concretizadores, da precedência e da prevalência da lei. Relativamente aos medicamentos novos, o inciso III do artigo 16.º da Lei n.º 6.360/76 exige, além dos requisitos previstos no inciso II, que sejam prestadas amplas informações sobre a sua composição e o seu uso, para avaliação de sua natureza e determinação do grau de segu-

REGISTO DE MEDICAMENTOS E DATA PACKAGE NO BRASIL | 171

rança e eficácia necessários. A maior exigência que impende sobre os medicamentos novos, que estão sujeitos aos requisitos do artigo 16.º II e III, justifica-se, compreensivelmente, pelo fato de os mesmos envolverem, geralmente, princípios ativos até então desconhecidos pela comunidade científica.

Desde logo, os medicamentos inovadores têm que submeter, no momento do registo, um relatório de ensaios pré-clínicos, com informação sobre a toxicidade aguda, sub-aguda e crónica, toxicidade reprodutiva, atividade mutagénica, e potencial oncogénico. Além disso, os mesmos devem apresentar informação sobre as diferentes fases de ensaios pré-clínicos e clínicos, acompanhada de referências bibliográficas quando estas exijam[81]. Trata-se, em síntese, de proceder a ensaios laboratoriais, em várias fases, sobre animais, seres humanos saudáveis e pacientes que o medicamento visa tratar. A fase I, designada como farmacocinética descritiva, diz respeito às informações físico-químicas relevantes. A fase II, versando sobre a farmacodinâmica e interações, refere-se aos ensaios pré-clínicos. A fase III, incide sobre a avaliação da segurança e eficácia em seres humanos a curto prazo. A fase IV, orientada para a avaliação da segurança e eficácia em seres humanos, a longo prazo. Esta realidade corresponde à estrutura de ensaios anteriormente mencionada, consistindo em ensaios laboratoriais pré-clínicos, seguidos de três fases de ensaios clínicos[82].

A formulação do artigo 16.º II e III da Lei de vigilância sanitária sugere a inexistência, no Brasil, de um pedido simplificado, ou abreviado, de autorização para os medicamentos genéricos e similares, contrariamente ao que sucede na Europa e nos Estados Unidos. Com efeito, tanto uns como outros não estão dispensados de comprovar cientificamente a respetiva segurança e eficácia. Isso não significa, porém, que os medicamentos genéricos e similares tenham que apresentar exatamente o mesmo *Data Package* que os medicamentos inovado-

---

[81] Veja-se, Resolução RDC n.º 136, de 29 de Maio de 2003, da ANVISA.

[82] Vejam-se as informações sobre estas fases de ensaios que constam do site da ANVISA (<http://www.anvisa.gov.br/medicamentos/pesquisa/def.htm>).

172 | DIREITO À SAÚDE E QUALIDADE DOS MEDICAMENTOS

res. Os medicamentos genéricos e similares não têm que proceder a testes de toxicidade, compreendidos nas fases I e II dos ensaios mencionados, na medida em que estes já foram realizados pelos medicamentos inovadores. Isso significa que o *Data Package* a apresentar pelas empresas de medicamentos genéricos e similares é, apesar de tudo, substancialmente mais reduzido do que o apresentado pelas empresas inovadoras.

A verificação de todos os requisitos legalmente exigidos pretende salvaguardar dimensões essenciais do direito à saúde, na medida em que visa assegurar a qualidade de todos medicamentos comercializados no mercado brasileiro. Diante dos princípios da precedência de lei e prevalência da lei, que concretizam o princípio da legalidade da administração, consagrado no artigo 37.º da Constituição Federal Brasileira, a ANVISA não pode criar, *moto proprio*, à margem das exigências legais, um procedimento abreviado de autorização de medicamentos genéricos, na linha do *Abreviated New Drug Application* (ANDA) estabelecido pelo Congresso norte-americano através da lei *Hatch--Waxman*. Isso cabe unicamente ao legislador ordinário. Enquanto entidade administrativa que é, não lhe compete julgar a conveniência, a oportunidade e o mérito do conteúdo da lei vigente, de acordo com critérios por ela definidos, mas unicamente proceder à sua aplicação. O princípio da legalidade da administração, concretizador do princípio do Estado de direito, contém uma proibição de desrespeito pela lei e uma exigência de aplicação da lei (CANOTILHO J. J., 2003, p. 256).

O artigo 21.º da Lei de Vigilância Sanitária afirma que o direito ao registo de medicamentos similares a outros já registados está condicionado à satisfação das exigências nela estabelecida. Uma vez satisfeitas essas exigências, o registo do medicamento é um ato administrativo legalmente devido, de conteúdo vinculado. Trata-se, como acima se disse, dos requisitos estabelecidos no artigo 16.º II da Lei de vigilância sanitária. À ANVISA cabe atestar o cumprimento das exigências sanitárias legais sobre a qualidade, segurança e eficácia dos medicamentos, não hesitando em negar o registo de medicamentos sempre que não sejam atendidas as condições, exigências e procedimentos legalmente previstos, tal como decorre do artigo 17.º da Lei n.º 6.360//76. A ANVISA não pode criar "*wavers*", ou derrogações às normas legais, norteada apenas por critérios próprios de conveniência e oportunidade, mesmo tendo como referência as prescrições da legislação estrangeira sobre o assunto. A prática de atos administrativos de registo de medicamentos, à margem das exigências procedimentais e materiais legalmente estabelecidos, configura uma violação do direito fundamental à saúde, consagrado no artigo 196.º da Constituição de 1988, acarretando a invalidade desses atos. Aos tribunais caberá verificar o cumprimento, por parte da ANVISA, das exigências prescritas pelo legislador e retirar das devidas consequências jurídicas inibitórias, sancionatórias e indemnizatórias, do eventual incumprimento.

Um aspeto do maior relevo, do ponto de vista do direito à saúde, prende-se com a exigência de supervisão dos efeitos do medicamento depois de autorizado. Assim é, na medida em que muitos efeitos secundários acabam por manifestar-se quando o medicamento é colocado à disposição do público em geral. Nos termos do artigo 6.º da Lei n.º 6.360/76, se um medicamento até então considerado único for dado como nocivo à saúde ou como não preenchendo os requisitos estabelecidos, o mesmo deve ser prontamente removido do mercado ou deve ver alterada a fórmula de composição e os dizeres dos rótulos e das bulas e embalagens, sob pena de cancelamento do registo e da apreensão do produto em todo o território nacional. Por seu lado, o artigo 19.º da Lei n.º 6.360/76 prevê o cancelamento do registo de drogas, medicamentos e insumos farmacêuticos sempre que efetuada a modificação não autorizada em sua fórmula, dosagem, condições de fabricação, indicação de aplicações e especificações anunciadas em bulas, rótulos ou publicidade. Esta norma tem especial importância no caso dos medicamentos similares, em que, como se disse, nem sempre se pode assegurar que a qualidade do produto seja compatível com a identidade das informações sobre posologia e uso terapêutico, constantes na bula, e com as correspondentes do medicamento de referência.

A doutrina é hoje unânime em considerar que a garantia da segurança do medicamento mesmo depois do registo é um *follow-up* essen-

174 | DIREITO À SAÚDE E QUALIDADE DOS MEDICAMENTOS

cial ao próprio registo (ENG, 2009, p. 160 ss). Essa garantia é assegurada por aquilo que corresponde a mais uma fase de ensaio dos medicamentos *ex post*. Em todo o caso, as dificuldades práticas que estão associadas à análise dos efeitos do medicamento após a sua introdução do mercado não permitem uma confiança plena na vigilância farmacológica sucessiva. Por esse motivo, um cuidado especial deve ser tido no procedimento de autorização de medicamentos no mercado, observando criteriosamente os requisitos legalmente estabelecidos para a determinação da qualidade, segurança e eficácia dos medicamentos.

No caso de drogas, medicamentos e insumos farmacêuticos de procedência estrangeira, o artigo 18.º do diploma em análise dispõe que há que verificar, além dos restantes requisitos legais, se o medicamento já é registado no país de origem. Este aspeto merece toda a atenção, por parte da ANVISA, considerando a tendência crescente de importar medicamentos de Estados com mecanismos imperfeitos de regulação e supervisão da indústria farmacêutica, numa política que promove o acesso aos medicamentos à custa da garantia da sua qualidade, segurança e eficácia para os pacientes (LIANG, 2008, p. 384).

8.4 A ANVISA e a proteção de dados

A legislação brasileira consagra um princípio de proteção dos dados de ensaios pré-clínicos e clínicos. O artigo 195.º da Lei n.º 9.279/ /96, elenca os crimes contra a concorrência desleal. De acordo com o inciso XIV, comete um crime de concorrência desleal aquele que "divulga, explora ou utiliza-se, sem autorização, de resultados de testes ou outros dados não divulgados, cuja elaboração envolva esforço considerável e que tenham sido apresentados a entidades governamentais como condição para aprovar a comercialização de produtos."

A relação semântica desta norma com o artigo 39.º/3 do Acordo TRIPS é manifesta. Esta norma vincula diretamente o legislador ordinário brasileiro, desde que o TRIPS foi internalizado por força do Decreto n.º 1.355/94, de 31-12. Ela baseia-se no reconhecimento de que, para além da informação protegida pela patente, relativa à novidade, salto inventivo e aplicação industrial do objeto patenteado, existe informação gerada durante os ensaios pré-cínicos e clínicos sobre a qualidade, segurança e eficácia dos medicamentos, cuja obtenção pode não ter sido menos difícil e onerosa do que o próprio salto inventivo protegido pela patente. Essa informação desempenha um papel essencial e incontornável para a garantia da posição de vantagem competitiva das empresas.

Porque assim é, a lei tem como objetivo garantir um campo de competição perfeitamente nivelado (*level playing field*), relativamente ao qual os poderes públicos permanecem numa posição de neutralidade e imparcialidade, de forma a evitar que uns concorrentes possam retirar vantagens económicas do esforço realizado por outros. Relativamente ao mercado concorrencial, impendem sobre o Estado duas obrigações fundamentais. Por um lado, ele deve proteger as empresas contra quaisquer atos de concorrência desleal por parte de outras empresas. Disso c cuida o artigo 195.º da Lei n.º 9.279/96. Por outro lado, ele deve abster-se de falsear a concorrência por via de uma conduta parcial que implique transferências de valor de umas empresas para as outras. Essa obrigação resulta, inequivocamente, do artigo 39.º/3 do Acordo TRIPS.

Quando usa a informação confidencial constante do *Data Package* que lhe foi submetido no procedimento de autorização de medicamentos de referência para autorizar medicamentos genéricos[83] ou similares[84], a ANVISA, não somente faz uso dessa informação, como permite que as empresas produtoras de genéricos ou similares retirem vantagens económicas e competitivas dessa informação, e com isso consigam uma redução substancial das barreiras à entrada no mercado. Essa possibilidade de beneficiar economicamente de informação cria-

---

[83] Art. 1.º RDC 16, de 2 de Março de 2007, que revogou a RDC n.º 135, de 29/5/2003. Veja-se ANEXO I da RDC n.º 16, II, 1, III, 10.1., 17.

[84] RDC n.º 133, de 29/5/2003.

176 | DIREITO À SAÚDE E QUALIDADE DOS MEDICAMENTOS

da mediante o investimento de outrem, sem o seu consentimento, é a essência do uso anti-concorrencial que o artigo 39.º/3 do TRIPS pretende evitar. Como vimos anteriormente, não se trata, no *Data Package*, de um direito exclusivo patentário, embora se esteja diante de um direito com material genético híbrido, combinando cromossomas da propriedade intelectual e do segredo comercial. Ele resulta do elevado investimento realizado pelas empresas de referência no ensaio dos seus produtos, por forma a satisfazer todas as exigências sanitárias.

Na realização das funções que lhe foram cometidas, a ANVISA deve manter-se fiel ao princípio da neutralidade e imparcialidade da administração, abstendo-se de interferir na posição relativa em que as diferentes empresas se encontram no mercado. É neste contexto que deve ser interpretado o artigo 30.º do Regulamento da ANVISA[85] "Nele se dispõe que "[a]Agência dará tratamento confidencial às informações técnicas, operacionais, econômico-financeiras e contábeis que solicitar às empresas e pessoas físicas que produzam ou comercializem produtos ou prestem serviços compreendidos no Sistema Nacional de Vigilância Sanitária, desde que sua divulgação não seja diretamente necessária para impedir a discriminação de consumidor, produtor, prestador de serviço ou comerciante ou a existência de circunstâncias de risco à saúde da população." A controvérsia que tem rodeado a interpretação desta norma deve-se, certamente, mais a razões económicas e ideológicas do que à dificuldade do seu teor literal. Não obstante, a mesma não responde diretamente a questões importantes, como sejam o alcance e a delimitação temporal dos direitos sobre os dados (BARBOSA P. M., 2009, p. 211).

Entre outras coisas, ela coloca o problema da harmonização dos diferentes direitos e interesses, entre os quais dois interesses conflituantes relacionados com o direito à saúde. Por um lado, está em causa o interesse em tornar os medicamentos acessíveis ao público tão depressa quanto legalmente possível. Por outro lado, trata-se de

---

[85] Decreto 3.029/99.

garantir a produção contínua de medicamentos inovadores, testados de forma rigorosa, intensiva e extensiva de maneira a garantir padrões elevados de qualidade, segurança e eficácia. A criação de uma estrutura de incentivos que compense e premeie o esforço inovador e a salvaguarda da qualidade dos medicamentos deve ser levada a cabo dentro de um quadro normativo que assegure a concorrência justa e leal entre diferentes empresas farmacêuticas, prevenindo a concorrência desleal ou falseada. Por este motivo, importa garantir um direito exclusivo de proteção dos dados dos testes, com um prazo razoável, impedindo o registo de produtos durante a vigência desse direito.

8.5 Limites à proteção de dados

Por vezes são mobilizados alguns argumentos para justificar o uso da informação contida no *Data Package* para a autorização de medicamentos similares e genéricos. Entre eles destacam-se o direito à saúde das populações e a função social da propriedade. O problema deste entendimento é que ele conduz à restrição dos direitos exclusivos sobre o *Data Package*, reduzindo-o a um conteúdo praticamente insignificante e inútil, destituído de qualquer relevo económico. Deste modo, não apenas se viola o princípio da proporcionalidade, mas põe-se em causa dimensões essenciais dos direitos exclusivos do *Data Package*, cuja proteção pretende incentivar e compensar o investimento em ensaios clínicos rigorosos, necessários à garantia da saúde pública.

A doutrina constitucional há muito que entende que as restrições aos direitos fundamentais devem ser excecionais, ter fundamento constitucional, consagração legal, não ser discriminatórias, ser proporcionais, interpretadas de forma restritiva e devidamente fundamentadas. Além disso, as mesmas não podem neutralizar o conteúdo útil do direito restringido. Por este motivo, há que analisar criticamente os argumentos invocados, para ver se e em que medida é que eles procedem.

8.5.1 Função social da propriedade

A função social da propriedade, a que a Constituição Federal brasileira faz referência no seu artigo 5.º XXIII, é frequentemente invocada como fundamento para a utilização dos dados do *Data Package* para autorizar a introdução de medicamentos no mercado por empresas que não tiveram que investir em ensaios clínicos, à margem do consentimento do titular dos dados protegidos (VARGAS, 2009, p. 320 ss). Normalmente essa invocação é feita em termos assertivos, sem a necessária precisão conceitual e fundamentação. A função social da propriedade surge como uma espécie de fórmula mágica, quase como se a sua simples invocação resolvesse, por si só, todos os problemas e esconjurasse os princípios do Estado constitucional do direito.

Por vezes o interesse público da saúde é contraposto ao direito privado de propriedade intelectual, como se isso justificasse a primazia automática e incondicionada do primeiro sobre o segundo, e como se a propriedade intelectual não servisse o interesse público da saúde. Além disso, ignora-se deliberadamente que a estabilidade do sistema de direitos de propriedade serve uma função social imprescindível. Todavia, antes de se falar nos limites ao direito de propriedade importa falar no respetivo objeto e âmbito de proteção.

O direito de propriedade pretende tutelar posições e relações jurídicas envolvendo domínio sobre determinados objetos, materiais e imateriais, dotados de valor pessoal e patrimonial, tendo em vista a satisfação de necessidades e interesses humanos (PINTO, 2005, p. 144 ss). A sua proteção, tão antiga como o próprio direito, assenta hoje, nos modernos Estados constitucionais dotados de economias de base comercial e industrial, no reconhecimento de que a existência humana depende largamente da atividade económica de criação de bens e prestação de serviços (STEIN, 2002, p. 334 ss).

Para além da proteção que confere aos seus titulares individualmente considerados, permitindo-lhes usar, fruir e dispor dos seus bens, o direito da propriedade contém uma *garantia institucional* de natureza objetiva, que restringe a capacidade estadual de interferência no seu exercício. As posições jurídicas do direito de propriedade visam proteger os pressupostos materiais da existência individual, possibilitar o desenvolvimento económico e social e garantir o exercício dos diferentes direitos de liberdade em face dos poderes públicos. A diferenciação entre o conteúdo do direito de propriedade e os seus limites deve resultar de uma consideração adequada dos fins que lhe estão subjacentes.

Os direitos de propriedade intelectual dizem respeito a informação simbólica, a qual, apesar de não ter subsistência física ou material, não é menos real e valiosa do que a propriedade física. Por esse motivo é inteiramente justificado extender-lhe a proteção jurídica típica do direito de propriedade, com os inerentes direitos de exclusividade. Sem prejuízo da existência de diferenças de regime no direito de propriedade sobre bens materiais e imateriais, a propriedade intelectual tem alguns dos atributos característicos do direito de propriedade (PAVAGEAU, 2006, p. 142 ss). Nesse sentido se pronunciou recentemente o TEDH, ao incluir a propriedade intelectual e industrial no âmbito normativo do direito de propriedade, sustentando que direitos e interesses que sejam considerados ativos (*assets*) também são qualificados como direitos de propriedade à luz do direito internacional dos direitos humanos[86].

O direito de propriedade, incluindo a propriedade intelectual, serve uma função social. Isso foi eloquentemente afirmado, por John Locke, nos alvores do constitucionalismo moderno (LOCKE, 1988). A função social da propriedade é indissociável da justificação da propriedade e da ideia de cidadania. Atualmente, todos ordenamentos jurídicos dos Estados democráticos e sociais de direito avaliam o impacto do uso da propriedade sobre o interesse geral. Nem poderia ser de outro modo. À função social da propriedade fazem referência expressa

---

[86] *Iatridis v. Greece,* no. 31107/96, decisão de 25 de Março de 1999, TEDH; *Mykola Mykytovych Melnychuk v. Ukraine,* no. 28743/03, decisão de 5 de Julho de 2005, TEDH; *Anheuser-Busch Inc v. Portugal,* no. 73049/01, decisão de 11 de Janeiro de 2007, TEDH.

180 | DIREITO À SAÚDE E QUALIDADE DOS MEDICAMENTOS

outros textos constitucionais, salientando-se, paradigmaticamente, o artigo 14 (2) da Lei Fundamental da Alemanha, quando afirma que o uso da propriedade deve servir o bem da comunidade (REICH, 1998, p. 149 ss).

No entanto, mesmo aí a função social da propriedade é indissociável dos valores da autonomia individual e do livre desenvolvimento da personalidade, não subtraindo a restrição deste direito fundamental à aplicação do princípio da legalidade, em sentido material, com as inerentes exigências de precisão, clareza e determinabilidade da lei restritiva (LUBENS, 2007, p. 389 ss). De acordo com este princípio, não havendo uma definição absoluta, ideal e ontológica, do direito de propriedade, cabe ao legislador conformar claramente o objeto, o conteúdo e os limites da sua proteção. À administração não pode ficar reservado o papel de avaliar, por si só, o conteúdo dos direitos, os fundamentos para a sua restrição e os limites das restrições.

Em rigor, o direito de propriedade prossegue um conjunto amplo e complexo de funções sociais, incompatível com leituras unidimensionais e redutoras. O mesmo sucede, de resto, com a generalidade dos direitos fundamentais. O seu âmbito de proteção e de garantia resulta da ponderação entre as exigências da autonomia individual, do interesse público e da estabilidade e previsibilidade da ordem jurídica. Em face desta ponderação, o respeito pela liberdade individual e pela propriedade privada continua a ser uma pedra angular do Estado Constitucional democrático e social contemporâneo, como a partir de 1989, com a Queda do Muro de Berlim, reconheceram muitas sociedades até então comunistas (PINTO, 2005, p. 149 ss). A generalidade das ordens jurídicas estabelece o princípio da excecionalidade das restrições ao direito de propriedade, juntamente com a exigência de justa indemnização no caso de apropriação pelos poderes públicos.

A proteção da liberdade individual e a existência de um sistema preciso e estável de direitos de propriedade desempenha uma importante função de interesse público, quer porque é condição essencial ao crescimento económico e ao progresso cultural, científico e tecnológico, quer em virtude da sua dimensão anti-totalitária de facilitação da liberdade individual e do desenvolvimento de uma sociedade civil autónoma (SUNSTEIN, 2005, p. 205 ss). O direito de propriedade protege os recursos financeiros e económicos indispensáveis ao exercício de outros direitos fundamentais, quer se trate de direitos, liberdades e garantias (v.g. liberdade de expressão, informação e comunicação social, liberdade religiosa) quer de direitos económicos, sociais e culturais (v.g. educação, habitação, saúde). A garantia da propriedade serve de guarda flanco desses e de outros direitos fundamentais (STEIN, 2002, p. 339). Também nisso se consubstancia a função social da propriedade.

No caso da propriedade intelectual, que se justifica pelo valor acrescentado, pela inteligência e pela produção de informação inovadora, a sua proteção é essencial para a promoção da criação, da iniciativa económica e da invenção e inovação, atividades intelectuais com importantes consequências sociais. No domínio dos medicamentos, o direito patentário, o segredo comercial e a proteção da informação contida no *Data Package* são mecanismos de propriedade intelectual indispensáveis para a promoção do investimento na inovação e elevação do padrão de qualidade dos medicamentos. Desse modo prossegue-se uma importante função económica e social, de atração do investimento direto estrangeiro e transferência de tecnologia, por um lado, e, por outro lado, de proteção e promoção do direito à saúde, nas suas dimensões individuais e coletivas, a médio e longo prazo. No caso da propriedade intelectual, a função social da propriedade fundamenta a sua proteção reforçada e rigorosa.

Com efeito, está longe de estar empiricamente demonstrado que a proteção patentária, do segredo comercial e dos direitos exclusivos sobre o *Data Package* não tem uma justificação material suficiente, nem cumpre uma importante função social, pelo fato de incentivar e compensar os custos incorridos pelas empresas que investem em inovação e em ensaios clínicos essenciais à garantia e elevação dos padrões de qualidade e segurança dos medicamentos, e na melhoria do nível de cuidados de saúde, tal como preconiza o artigo 12.º do

182 | DIREITO À SAÚDE E QUALIDADE DOS MEDICAMENTOS

PIDESC. Uma leitura constitucionalmente adequada dos bens jurídicos em presença conduz a que se considere improcedente a adoção de uma leitura da função social da propriedade manifestamente parcial, unidimensional e não totalmente livre da aparência de oportunismo. Também não se afigura correto o aproveitamento do caráter vago e indeterminado da respetiva formulação para tentar justificar uma expropriação administrativa (ou um equivalente funcional) de direitos exclusivos juridicamente garantidos e inteiramente justificados, no plano dos valores e princípios substantivos.

Falar em função social da propriedade também não constitui autorização suficiente para postergar o princípio da proporcionalidade em sentido amplo, ou da proibição do excesso, e a exigência de cuidadosa ponderação do significado e do peso dos bens jurídicos em confronto. Isso significa que a restrição do direito de propriedade deve ser a alternativa menos restritiva de entre todas as alternativas possíveis para prosseguir o mesmo fim. Uma utilização da informação do *Data Package* que neutralize substancialmente a sua utilidade económica competitiva, sem atender ao impacto económico sobre o investimento realizado e as expectativas a ele associadas, não resiste, de modo algum, ao princípio da proporcionalidade em sentido amplo (DAVIDSON, 2008, p. 9 ss). Igualmente importante é o imperativo constitucional de preservação, depois da restrição, de um *âmbito de garantia* que salvaguarde o *conteúdo essencial* e o *sentido útil* do direito de propriedade.

Um exemplo que a doutrina germânica avança, retirado da jurisprudência constitucional alemã, ilustra bem este ponto. Ele prende-se com a imposição, aos editores, da obrigação de fornecer um exemplar das obras impressas a todas as bibliotecas públicas, em nome da função social da propriedade (*depósito legal*). Esta obrigação, ainda que restritiva do direito de propriedade, afigura-se compatível com o princípio da proporcionalidade quando se trate de edições com ampla tiragem que não envolvam custos marginais elevados. No entanto, ela representa um encargo desproporcional para um editor, quando se esteja perante edições limitadas e luxuosas, com elevados custos marginais[87]. Neste caso, a recuperação do investimento realizado seria comprometida pela exigência de depósito legal, violando o princípio da proibição do excesso (STEIN, 2002, p. 341). Idêntico raciocínio vale para as empresas que incorreram em elevados custos para submeter informação sobre ensaios clínicos que lhes foi exigida pelas autoridades sanitárias para a comprovação científica da segurança, qualidade e eficácia do novo medicamento. Quanto maiores forem os custos incorridos, maior será a sua dignidade de proteção. Este exemplo permite compreender porque é que a Alemanha consagra a função social da propriedade e ao mesmo tempo, com toda a coerência, promove a defesa da propriedade intelectual da indústria farmacêutica.

O uso da informação dos ensaios para autorizar medicamentos similares e genéricos, que pretendam concorrer com o medicamento inovador, mesmo sem a respetiva divulgação, permite às empresas concorrentes beneficiarem dos investimentos por outras realizadas, colocando-as numa posição de considerável vantagem competitiva e impedindo a empresa inovadora de gozar de um monopólio temporário sobre essa informação em ordem a recuperar o investimento realizado nos ensaios do novo medicamento e, em muitos casos, nos ensaios de outros medicamentos que não tenham sido suficientemente bem sucedidos no mercado.

A aceitação de uma viagem sem pagar (*free ride*) envolvendo empresas concorrentes entre si afigura-se *prima facie* muito problemática, do ponto de vista constitucional, na medida em que trata de forma desigual empresas colocadas em situação competitiva semelhante. A isto acresce que a antecipação precipitada do direito de copiar medicamentos de referência, e da consequente entrada no mercado de similares e genéricos, antes do desenvolvimento da necessária massa crítica acerca das suas propriedades e efeitos, faz com que não

---

[87] Veja-se, nesse sentido, a decisão do Tribunal Constitucional Federal Alemão BVerfGE, 58, 137, 144 ss.

184 | DIREITO À SAÚDE E QUALIDADE DOS MEDICAMENTOS

possa ser assegurada a plena reprodutibilidade do original pelas cópias, pelo que os ganhos em acessibilidade económica dos medicamentos podem ser acompanhados de perdas significativas em matéria de qualidade, segurança e eficácia, com custos óbvios para os pacientes.

Mesmo quando observados os princípios constitucionais referidos, a expropriação da propriedade privada com fundamento no interesse público apenas pode ter lugar mediante um processo judicial adequado e contra o pagamento de uma indemnização justa. Este aspeto reveste-se de grande interesse teórico e prático à luz do princípio da *igualdade perante os encargos públicos*, que concretiza o princípio da igualdade dos cidadãos perante a lei e os poderes públicos, tendo como pano de fundo o princípio da justiça distributiva. De acordo com aquele princípio, os encargos públicos (v.g. impostos, taxas, contribuições, ónus, restrições ao direito de propriedade, restrições aos vários direitos fundamentais) necessários à prossecução do bem comum devem ser repartidos, tanto quanto possível, em termos tendencialmente iguais por todos os cidadãos, de forma a preservar a igualdade e a reciprocidade das vantagens.

A prossecução de políticas públicas não pode, em via de princípio, ser levada a cabo através de medidas que se traduzam numa concentração dos encargos sobre um setor da sociedade, em benefício dos demais, porque isso violaria princípios fundamentais de igualdade, reciprocidade e justiça distributiva. Alternativamente, o sistema fiscal, baseado em princípios de justiça e capacidade contributiva, a par das decisões políticas orçamentais, tomadas por um parlamento sujeito a princípios de democráticos de representatividade, publicidade, transparência, responsabilidade e deliberação, constituem os meios adequados, num Estado de direito democrático, para tomar decisões sobre o financiamento das políticas públicas, incluindo as políticas de saúde.

Não se nega que algumas medidas de interesse público possam ter efeitos diferenciados em diferentes setores da sociedade. No entanto, essas diferenciações são sempre limitadas por princípios fundamentais de legalidade, proporcionalidade, igualdade, justiça distributiva, proteção da confiança e salvaguarda do conteúdo essencial dos direitos fundamentais. Uma ordem constitucional livre e democrática, estrutura-se nestes princípios. Regra geral, sempre que seja imposto um sacrifício especial a um indivíduo ou grupo de indivíduos por razões de interesse público, deve reconhecer-se um direito a uma indemnização ou compensação aos indivíduos que tenham sido especialmente sacrificados. Essa compensação será tanto mais exigível e tanto maior, quando maiores forem os investimentos realizados pelos visados e as expectativas a elas associadas. Caso contrário, tudo não passa de uma *redistribuição caprichosa*, com os inevitáveis efeitos socialmente desmoralizadores (KUPIEC, 2008, p. 865 ss). Este princípio tende a adquirir uma grande relevância na atualidade, no contexto da proliferação de vínculos de tipo expropriatório, isto é, de medidas regulatórias funcionalmente equivalentes a uma expropriação em sentido estrito (CANOTILHO J. J., 2003, p. 431).

O princípio da igualdade perante os encargos públicos não pode deixar de ser mobilizado no contexto da relação que se estabelece entre as empresas farmacêuticas que investem na inovação e aquelas que se limitam a beneficiar da cópia de medicamentos inovadores. À luz deste princípio, os custos e os benefícios estabelecidos pelo ordenamento jurídico relativamente a diferentes sujeitos colocados na mesma situação devem ser tendencialmente iguais (DAVIDSON, 2008, p. 1 ss), proscrevendo-se a concentração de encargos numas empresas e de benefícios noutras. As empresas de medicamentos de referência, genéricos e similares concorrem entre si no mesmo mercado.

Por esse motivo, afigura-se totalmente desadequado, do ponto de vista constitucional, falar numa responsabilidade social especial por parte das empresas produtoras de medicamentos inovadores, precisamente as que investiram fortemente no seu desenvolvimento, produção e ensaio clínico, para lhes impor o sacrifício económico de assumirem totalmente o custo desse investimento, sem lhes garantir um monopólio temporário necessário à recuperação e remuneração do investimento realizado.

O mesmo se diga no que toca à desconsideração total da responsabilidade social daquelas empresas produtoras de medicamentos

186 | DIREITO À SAÚDE E QUALIDADE DOS MEDICAMENTOS

genéricos e similares que pouco ou nada investiram no desenvolvimento de novos produtos e em testes de qualidade e que agora pretendem produzir medicamentos a baixo custo e com baixo preço, retirando importantes benefícios económicos do esforço desenvolvido pelas primeiras e obtendo lucros elevados no processo. Estas considerações afiguram-se clarificadoras do processo de ponderação de bens em presença, permitindo avançar com algumas conclusões sobre a inadmissibilidade, no plano jurídico-constitucional, da utilização de informação constante do *Data Package* para a autorização de medicamentos genéricos e similares.

A primeira é de que, à luz do direito humano fundamental à saúde, é totalmente irracional e injustificável que se penalize em maior medida as empresas que mais investem na inovação e na qualidade dos medicamentos, em benefício das que menos investem. Quando se exige, das empresas inovadoras, a realização de prolongados e onerosos ensaios clínicos para a testar a qualidade, segurança e eficácia dos seus produtos e se espera que as mesmas suportem os custos envolvidos, então devem ser criadas condições que lhes permitam recuperar e remunerar os investimentos realizados e fazer novos investimentos em inovação e qualidade. A proteção e promoção do direito à saúde a longo prazo depende disso. A utilização da informação fornecida à administração para autorizar medicamentos genéricos e similares representa uma privação dos benefícios económicos da propriedade intelectual dirigida àquelas empresas que mais investiram na inovação e na qualidade.

A segunda conclusão reconhece que sempre que se esteja diante do direito de propriedade, incluindo o direito de propriedade intelectual, nas suas diferentes modalidades, tem inteira aplicação o princípio da proibição de expropriação sem uma justa indemnização (BUNCH, 2005, p. 1747 ss). O uso da informação do *Data Package*, neutralizando a respetiva utilidade económica, representa uma medida funcionalmente equivalente a uma expropriação, sem qualquer compensação adequada. Mesmo que se entenda que a informação constante do *Data Package* tem um interesse público especial que justifica a sua divulgação e utilização para a autorização de medicamentos genéricos, sempre há que prever, ao menos, o direito a uma remuneração adequada que preserve a estrutura de incentivos ao desenvolvimento de medicamentos inovadores, seguros e eficazes. A adequação da remuneração teria que ser medida, não apenas tendo por base os custos suportados na obtenção da informação relativa ao medicamento de referência em causa, mas também no desenvolvimento e ensaio de muitos medicamentos que acabam por não ver a luz do dia.

Isso inclui, necessariamente, uma atenção aos custos de oportunidade e ao valor científico da informação. Além disso, a adequação da remuneração teria que ter em conta os lucros cessantes, para a empresa originadora, em virtude da privação do valor comercial da informação utilizada em sucessivos procedimentos de autorização de medicamentos genéricos e similares a partir do mesmo medicamento de referência (CARVALHO, 2008, p. 283 ss). Esses lucros cessantes revestem a maior importância para tomada de decisões sobre o investimento na produção de novos medicamentos. A remuneração adequada deveria poder ser quantificável de acordo com critérios intersubjetivos, fundamentados e previamente definidos. Se tudo isso for devidamente acautelado, então as autoridades públicas sanitárias poderão basear--se na informação fornecida pelas empresas de referência. Caso contrário, a utilização dessa informação pela administração deverá ser considerada ilegítima em sede de controlo jurisdicional. A remuneração pelo uso da informação deverá ser paga pelas empresas concorrentes, que veem autorizados os seus produtos, ou, caso este o entenda, pelo Estado que pretenda utilizar a informação.

Do ponto de vista dos princípios da igualdade perante os encargos públicos e da justiça e capacidade contributiva, nada justifica a concentração dos custos da inovação farmacêutica nas empresas de referência e dos respetivos benefícios nas empresas de genéricos e similares. A acessibilidade dos medicamentos deve ser garantida através de decisões políticas e orçamentais, com base nos recursos obtidos no respeito pelos princípios da igualdade, da justiça distributiva e da capacidade contributiva, sem recorrer a *ilusões fiscais* resultantes de decisões regulatórias ilegítimas e ineficientes. No mesmo sentido, o princípio da segurança jurídica e da proteção da confiança milita contra o uso da informação confidencial pelas autoridades públicas, na medida em que a preterição das expectativas das empresas de referência associadas aos investimentos por elas anteriormente realizados, representaria, na prática, uma imposição da obrigação de financiar os ensaios clínicos realizados, sem quaisquer contrapartidas.

No domínio da indústria farmacêutica, a função social do sistema de propriedade intelectual, incluindo o sistema de patentes, o segredo comercial e os direitos exclusivos sobre o *Data Package*, consiste, em boa medida, em criar uma estrutura de incentivos que permita a afetação continuada de meios financeiros e capacidade tecnológica para o desenvolvimento de medicamentos inovadores, seguros, eficazes e de qualidade, na convicção de que isso permitirá melhorias substanciais na saúde pública, nacional e internacional, a médio e longo prazo. Essa estrutura de incentivos deve ser inerentemente justa, impedindo que aqueles que se limitam a copiar medicamentos possam retirar benefícios económicos do esforço de outrém, ainda que para isso consigam captar a benevolência do público e dos governos, por praticarem preços mais baixos.

O modelo de Estado social constitucionalmente adequado deve incluir, a um tempo, a garantia de um sistema estável de direitos de propriedade e a promoção ativa do bem-estar social. A simples utilização da informação constante do *Data Package*, para autorizar um medicamento concorrente, representa sempre uma substancial diminuição do respetivo valor económico e uma completa neutralização da vantagem comparativa que ela representa. Ela priva o detentor da informação, que mobilizou importantes meios materiais e humanos, para a sua produção, dos benefícios económicos da do seu investimento económico e labor intelectual.

A função social da propriedade serviu, historicamente, para justificar a desamortização dos bens da nobreza, do clero e do Monarca, acumulados ao longo dos séculos, tendo como pano de fundo relações de produção injustas e desigualitárias, e colocados em situação de *mão morta*, sem qualquer utilidade para o sistema produtivo. A mesma visou reintroduzir esses bens no tráfico jurídico e no domínio público, ao serviço da criação de riqueza, num contexto de substituição das estruturas políticas, sociais e económicas pré-modernas pelo constitucionalismo liberal, democrático e republicano. As formas de propriedade feudal e absolutista foram substituídas pela propriedade privada, pela autodeterminação tributária e pelo controlo democrático das contas públicas. Nos nossos dias, a função social da propriedade não pode ser utilizada para justificar a expropriação, sem condições e limites, e à margem dos princípios do Estado de direito, da propriedade intelectual, precisamente aquela cuja origem e justificação se encontra indissociável ao trabalho intelectual e à criação de riqueza.

8.5.2 *Saúde pública*

Um outro argumento frequentemente aduzido para justificar a utilização do *Data Package* na autorização de medicamentos genéricos e similares, permitindo às empresas que os produzem colher os benefícios económicos dessa informação sem o consentimento dos respetivos titulares, diz respeito à proteção da saúde pública, tal como decorre do artigo 196.º da Constituição brasileira e dos instrumentos internacionais mencionados na primeira parte deste trabalho. O mesmo é indissociável da referência à função social da propriedade, podendo quase dizer-se que neste contexto se trata de duas faces da mesma moeda. Este argumento, sobre a proteção da saúde pública, vai buscar um importante ponto de apoio ao artigo 39.º/3 do TRIPS, quando este afirma que os Membros protegerão os dados referentes a ensaios contra a divulgação, exceto quando necessário para proteção do público. O mesmo também remete, frequentemente, para a Declaração de Doha sobre o TRIPS a saúde pública (VARGAS, 2009, p. 320 ss), pelo que valem, aqui, as considerações anteriormente aduzidas sobre ela.

O artigo 39.º/3 do TRIPS assume um relevo significativo, na medida em que afirma que a proteção dos dados contidos no *Data Package*

190 | DIREITO À SAÚDE E QUALIDADE DOS MEDICAMENTOS

não é absoluta. Todavia, este aspeto, em si mesmo, nada diz acerca da legitimidade e da extensão da restrição aos direitos exclusivos, já que dificilmente existirão direitos fundamentais absolutos. No caso dos direitos de propriedade intelectual, o próprio Acordo TRIPS admite que podem existir situações excecionais em que se justifica a sua limitação. O artigo 8.º do TRIPS admite essa possibilidade em termos gerais, nomeadamente para a proteção da saúde pública, quando os Estados procedam à criação ou alteração de normas internas sobre propriedade intelectual, em execução do TRIPS. No domínio específico das patentes, o artigo 30.º do TRIPS dá espaço para exceções limitadas ao direito patentário. As normas sobre as licenças compulsórias, do artigo 31.º do TRIPS, constituem, nesse domínio, um exemplo paradigmático. Isso mesmo é reafirmado na *Doha Declaration*.

Em todo o caso, o artigo 8.º do TRIPS é claro quando afirma que a margem de manobra dos Estados não pode ser de tal ordem que lhes seja permitido tomar medidas incompatíveis com o TRIPS. Do mesmo modo, o artigo 30.º do TRIPS deixa claro que as exceções limitadas ao direito patentário não podem colidir de modo injustificável com a exploração normal da patente, nem prejudicar de forma injustificável os legítimos interesses do titular da patente, tendo em conta os legítimos interesses de terceiros. A própria Declaração de Doha deixa claro que o objeto e o fim do TRIPS não podem ser postos em causa, em nome do direito à saúde, por soluções práticas que interpretem de forma tão extensa a possibilidade de restrição à propriedade intelectual que acabem por transformar algo que deveria ser excecional, em regra. É neste quadro sistemático que deve ser interpretado o artigo 39.º/3 do TRIPS. Também ele aponta para o caráter excecional, limitado e devidamente fundamentado da restrição do direito sobre o *Data Package*. O mesmo sucede à luz da Constituição brasileira, em que o artigo 196.º, sobre o direito à saúde, deve ser harmonizado com o artigo 5.º XXIX, relativo à proteção da propriedade intelectual, devendo ambos ser lidos sinopticamente e interpretados em conformidade com o direito internacional.

Por esse motivo, a afirmação do caráter não absoluto da proteção dos dados não deve ser considerada, por si só, compatível com qualquer restrição ao direito em causa. O fato de o direito de proteção da informação do *Data Package* ser passível de restrição não significa que seja compatível com qualquer restrição, especialmente quando esta neutralize a utilidade económica e competitiva dessa informação, em termos que, além do mais, elevam os riscos para a saúde pública. E isto por mais ponderoso que seja o bem jurídico mobilizado para fundamentar a restrição. Esta tem sempre que ter uma base legal inequívoca, respeitar o princípio da proporcionalidade, ser interpretada restritivamente e ser devidamente fundamentada.

Um dos problemas da invocação da proteção da saúde pública como fundamento para a restrição do *Data Package* prende-se com o fato de que não existe qualquer relação linear de proporção inversa entre a proteção do *Data Package* e a realização do direito à saúde. Por outras palavras, uma menor proteção da propriedade intelectual patentária ou dos direitos exclusivos sobre o *Data Package* não resulta necessariamente numa maior proteção da saúde pública. Pelo contrário. Isso resulta já das considerações anteriormente expostas, embora se trate de um ponto merecedor de ulteriores desenvolvimentos.

Em primeiro lugar, o *Data Package* contém toda a informação recolhida durante exaustivos e onerosos testes, que se prolongam ao longo de vários anos. O investimento envolvido em ensaios pré-clínicos e clínicos, que chega a exceder o realizado no desenvolvimento do produto, tem que ser devidamente incentivado e compensado, na medida em que tem como objetivo garantir a qualidade dos medicamentos, essencial à proteção e promoção do direito à saúde. Desincentivar esse investimento, não permitindo a sua justa e devida remuneração, é elevar o risco para a saúde pública.

Em segundo lugar, permitir uma antecipação da entrada de medicamentos similares e genéricos no mercado, sem estarem asseguradas as condições de adequada reprodução do medicamento de referência, e sem dar tempo à emergência de uma massa crítica de conhecimento sobre o uso e os efeitos do medicamento de referência, é reduzir

192 | DIREITO À SAÚDE E QUALIDADE DOS MEDICAMENTOS

substancialmente a qualidade dos medicamentos acessíveis ao público, também por essa via pondo em risco a saúde pública. Quanto mais cedo um medicamento for copiado, geralmente em condições de manufatura deficientes e sem o conhecimento exaustivo da sua composição e das suas propriedades, maior é o risco de degradação da qualidade das cópias. As vantagens de uma maior acessibilidade dos medicamentos podem ser significativamente neutralizadas por via da sua menor qualidade, segurança e eficácia.

Não existem provas convincentes de que a violação dos direitos exclusivos sobre o *Data Package* seja adequada para a proteção do direito à saúde. Não está demonstrado, além disso, que a generalização precoce de medicamentos similares e genéricos tenha menos custos para a saúde pública, por causa da degradação da qualidade que significa, do que benefícios. Ou seja, pode dar-se o caso de a violação do *Data Package*, a despeito da maior acessibilidade dos medicamentos que necessariamente implica, acabar por ter um maior impacto negativo na realização do direito à saúde, a médio e longo prazo. Se assim for, trata-se de uma solução violadora do princípio da proporcionalidade em sentido estrito, na medida em que tem mais custos do que benefícios. A verdade, porém, é que, independentemente de ser esse o caso, é claramente desproporcional, do ponto de vista da empresa titular do direito, obrigá-la a suportar os custos dos investimentos em inovação e qualidade, privando-a da possibilidade de obter as receitas necessárias à sua cobertura, ao mesmo tempo que se transfere os benefícios desse investimento para empresas de genéricos e similares, que em nada contribuíram para a sua realização.

Acresce, em terceiro lugar, que o direito à saúde depende de um conjunto amplo de variáveis, como a alimentação, a habitação, o saneamento básico, a proteção do ambiente, etc. Nelas, a capacidade económica do Estado e dos indivíduos é um fator decisivo. Por um lado, a promoção da saúde pública implica a tomada de medidas, por parte dos poderes públicas, em muitas outras frentes para além da garantia da maior acessibilidade dos medicamentos. Pelo que nem sequer é certo que a garantia de medicamentos de baixo custo, inevitavelmente de qualidade bastante inferior à dos medicamentos de referência, constitua o meio alternativo necessário e menos restritivo, para a realização da finalidade constitucional e jurídico-internacional de proteção do direito à saúde. Por outro lado, os Estados terão tantos mais recursos para intervir na área da saúde, quando maior for o seu nível de crescimento económico e a sua capacidade de atração de investimento estrangeiro, criador de emprego e riqueza, e de alargamento da base tributária. Por sua vez, a saúde dos indivíduos é indissociável das suas condições de alimentação, habitação e salubridade e da sua capacidade para adquirir medicamentos e cuidados de saúde. Ora, também isto está largamente dependente das oportunidades que lhes forem dadas pelo mercado de trabalho.

O direito à saúde encontra-se fortemente ligado às condições económicas dos Estados e dos indivíduos. Estas dependem da capacidade estadual de atrair, proteger e fixar o investimento estrangeiro e promover a transferência de tecnologias. O crescimento económico e a melhoria das condições de vida dependem da existência e do desenvolvimento de indústrias locais baseadas na criatividade e na inovação. Ora, também neste contexto a proteção da propriedade intelectual pode desempenhar um papel fundamental (SCHULTZ & GELDER, 2008/ /2009, p. 79 ss). Os Estados menos desenvolvidos só conseguem atrair investimento estrangeiro e tornar-se inovadores mediante o reforço dos direitos de propriedade intelectual. Os dados empíricos demonstram uma correlação entre o reforço da proteção intelectual e a melhoria de indicadores económicos e sociais, como sejam o aumento da investigação e desenvolvimento e a atração de investimento direto estrangeiro (PARK & LIPPOLDT, 2008). A propriedade intelectual é, ela própria, indissociável das possibilidades de crescimento económico e desenvolvimento humano (LERNER, 2008, p. 257 ss). Se isto faz todo o sentido para os Estados menos desenvolvidos, por maioria de razão o fará para uma economia emergente, como o Brasil, com um valioso capital humano e um grande potencial de crescimento económico e desenvolvimento científico e tecnológico.

Assim sendo, é improcedente uma restrição da propriedade intelectual da indústria farmacêutica de referência com fundamento na proteção da saúde pública, que não explicite os parâmetros de análise das questões suscitadas em sede de causalidade, exigibilidade e ponderação custos/benefícios. Essa explicitação é essencial para a avaliação da legalidade e da proporcionalidade em sentido amplo de uma tal restrição. O Estado de direito, com as suas exigências de justiça, juridicidade, legalidade, igualdade, proibição do excesso e regularidade procedimental, opõe-se claramente a restrições não fundamentadas, baseadas em *pseudo-ponderações*.

As considerações expendidas demonstram que a relação entre a propriedade intelectual e o direito à saúde é mais complexa do que muitas vezes se pretende sugerir. Em grande medida, a primeira é condição fundamental para a segunda. Daí que devam ser procuradas todas as alternativas menos restritivas que consigam ganhos substanciais em matéria de proteção da saúde pública, sem pôr em causa a inovação e a qualidade, segurança e eficácia dos medicamentos. Também não se pode ignorar que as empresas farmacêuticas de referência têm desempenhado um importante papel, reduzindo os montantes de *Royalties* cobrados e permitindo a comercialização dos seus produtos em países mais pobres e nalguns casos a preços abaixo do custo (CANN Jr., 2004, p. 802 ss).

A referência feita pelo artigo 39.º/3 do TRIPS à proteção do público tem que ser limitada a situações excecionais. Ela não pode converter--se numa cláusula que transforme a utilização do *Data Package* para o licenciamento de empresas concorrentes com a titular da informação protegida, anulando a sua capacidade de obter uma remuneração pelos investimentos realizados em prolongados ensaios pré-clínicos e clínicos. Essa utilização poderá justificar-se em situações de emergência, em que importa retirar rapidamente um medicamento do mercado, por questões de segurança. No entanto, a mesma não pode ficar refém de uma compreensão simplificadora e incompleta da complexa relação entre a propriedade intelectual e o direito à saúde.

9
Considerações conclusivas

Importa neste momento dar conta das principais conclusões a que esta investigação nos sugeriu. Por razões de conveniência procuraremos sintetizá-las num conjunto de proposições.

1. O direito à saúde encontra-se amplamente consagrado no direito constitucional de vários Estados e em múltiplos instrumentos de direito internacional dos direitos humanos.

2. Ninguém duvida hoje da centralidade do direito à saúde, enquanto dimensão concretizadora fundamental dos direitos à vida e à integridade física e psíquica e ao bem-estar individual e social. Ninguém discute a sua proeminência enquanto condição de desenvolvimento económico, social e cultural das populações.

3. O Estado tem importantes deveres de regulação e supervisão, no domínio do direito à saúde, cuja violação pode constituí-lo em responsabilidade civil extracontratual, nacional e internacional.

4. Por vezes surgem divergências quanto ao modo de realização do direito à saúde, especialmente quando se procura soluções consistentes com os diferentes princípios do Estado de direito e se pondera variáveis essenciais à concretização do direito à saúde a médio e longo prazo.

196 | DIREITO À SAÚDE E QUALIDADE DOS MEDICAMENTOS

5. O caso da proteção da propriedade intelectual da indústria farmacêutica de referência diante dos medicamentos genéricos e similares é paradigmático. Alguns entendem tratar-se aí de um conflito entre o direito à saúde das populações e o interesse público, por um lado, e o direito de propriedade intelectual e os interesses económicos da indústria farmacêutica, por outro.

6. Todavia, o que verdadeiramente está aí em causa é um conflito entre duas dimensões essenciais do direito à saúde. Uma privilegia a acessibilidade dos medicamentos, ao passo que outra coloca a ênfase na investigação e no desenvolvimento de novos medicamentos e na garantia da respetiva qualidade, segurança e eficácia, em ordem a fazer face às carências e emergências sanitárias à escala global.

7. Sem a criação de novos medicamentos não é possível fazer face, quer às doenças atualmente conhecidas, quer às novas doenças, cuja emergência e proliferação se devem à alteração significativa das condições climáticas, ambientais e produtivas no seio das sociedades contemporâneas.

8. O consumo de medicamentos de baixa qualidade pode ter graves consequências para a saúde individual e pública. As autoridades sanitárias têm um dever de garantia da qualidade dos medicamentos, sob pena de estarem a violar o direito à saúde. A proteção da saúde pública requer que essas autoridades impeçam a entrada no mercado, ou procedam à remoção do mesmo, de medicamentos inseguros e ineficazes.

9. O Estado tem obrigação de regular e supervisionar todas as instalações de cuidados de saúde, o que se reveste do maior relevo para o domínio da garantia da qualidade dos medicamentos, os quais constituem um poderoso instrumento da medicina convencional.

10. A garantia do direito à saúde torna essencial a exigência de rigorosos ensaios clínicos no procedimento de autorização de

introdução dos medicamentos no mercado. Isso torna absolutamente necessária a proteção do investimento realizado nesses ensaios, incentivando a entrada no mercado de medicamentos inovadores, observando padrões elevados de qualidade.

11. O controlo da qualidade, segurança e eficácia dos medicamentos compete, essencialmente, às entidades administrativas sanitárias, sobre as quais impende o dever de examinar exaustivamente a informação que lhes é submetida pelas empresas que solicitam a autorização de introdução do medicamento no mercado.

12. Depois de realizadas as sucessivas fases de ensaios clínicos e pré-clínicos, a autoridade administrativa competente toma uma decisão sobre a introdução do medicamento no mercado.

13. Uma decisão de autorização reveste-se da maior importância económica para a empresa, na medida em que gera a expectativa racional de que a mesma poderá recuperar os investimentos entretanto realizados no desenvolvimento, na produção e nos ensaios. Esta expectativa é decisiva para a capacidade de atração de novos investidores e obtenção de meios ulteriores de financiamento.

14. A produção da informação contida no *Data Package* envolve, de um modo geral, a mobilização de meios materiais e humanos consideráveis. Os dados obtidos durante os testes pré-clínicos e clínicos de um medicamento, na medida em que são o produto de longos e onerosos ensaios e garantem a respetiva qualidade, segurança e eficácia, são uma parte integrante do valor económico e do preço dos medicamentos.

15. É inteiramente justo e devido, de acordo com os princípios jurídicos pertinentes, reconhecer às empresas farmacêuticas um prazo razoável de proteção de dados respeitantes aos testes sanitários e estudos especializados envolvendo os seus medicamentos.

198 | DIREITO À SAÚDE E QUALIDADE DOS MEDICAMENTOS

16. A proteção dos dados gerados nos ensaios clínicos, e constantes do *Data Package* do medicamento, constitui um poderoso incentivo ao aperfeiçoamento incremental dos medicamentos existentes, mesmo quando isso não satisfaça os requisitos da novidade e do salto inventivo necessários à patenteabilidade, nomeadamente em domínios como a formulação, a dosagem e as indicações terapêuticas.

17. O direito à proteção da informação do *Data Package*, a despeito de integrar a categoria genérica da propriedade intelectual, tem um fundamento, um objeto e um conteúdo autónomos e específicos, que diferenciam o seu regime do da proteção patentária, quer ela exista no caso concreto, quer não exista.

18. O sistema patentário, o segredo comercial e a proteção do *Data Package* não são institutos mutuamente excludentes. Pelo contrário, trata-se de modalidades complementares de proteção múltipla, com significativas áreas de sobreposição entre si, potenciadoras de importantes sinergias.

19. No setor farmacêutico, a proteção do investimento e da investigação e desenvolvimento, em ordem ao fabrico de medicamentos inovadores e de alta qualidade, requer a mobilização articulada e integrada das figuras da propriedade intelectual, do segredo comercial e da proteção da informação dos ensaios clínicos, tirando partido das suas virtualidades normativas e extensas áreas de sobreposição.

20. O Acordo TRIPS, no âmbito da OMC, veio introduzir a proteção da propriedade intelectual da indústria farmacêutica no regime jurídico do comércio mundial, incluindo o segredo comercial e a proteção de dados de ensaios clínicos, previstos no artigo 39.º/3.

21. A Declaração de Doha sobre Saúde Pública tornou explícita a lógica de ponderação e harmonização implícita nas várias cláusulas de salvaguarda do TRIPS. A mesma não pôs em

causa a proteção patentária, o segredo comercial e a proteção de dados de ensaios. Se os mesmos violassem o direito à saúde, a Declaração de Doha teria sido uma boa oportunidade de corrigir isso.

22. A Declaração de Doha, pretendendo ser uma clarificação do sentido das normas do Acordo TRIPS, não deve ser usada para desequilibrar a necessária ponderação razoável entre o direito de acesso aos medicamentos, por um lado, e a continuidade no financiamento do desenvolvimento e da inovação de medicamentos, por outro. Não está em causa, em primeira linha, a ponderação do direito á saúde com outros direitos e interesses, mas a harmonização de dois interesses inerentes ao direito à saúde.

23. O artigo 39.º/3 do TRIPS estabelece uma relação direta entre a concorrência desleal e a utilização de dados não divulgados.

24. O artigo 39.º/3 do Acordo TRIPS tem como principais destinatários, não tanto as empresas concorrentes em si mesmas, mas as autoridades públicas que, por causa do exercício das suas funções administrativas, reguladoras e judicativas, têm acesso a informações cuja utilização não consentida pode minar a posição de vantagem comparativa que nelas se fundamenta e, por essa via, distorcer a concorrência.

25. O artigo 39.º/3 do TRIPS parte do princípio de que, mesmo que não exista qualquer conduta desleal por parte das empresas em concorrência, é possível que os poderes públicos, pela sua conduta, possibilitem a umas empresas a obtenção de importantes vantagens competitivas à custa do esforço realizado por outras.

26. Do ponto de vista do direito da concorrência, o fato de a autoridade administrativa não comunicar os dados à empresa concorrente e se limitar a autorizar o seu produto com base na existência de um *Data Package*, é irrelevante.

200 | DIREITO À SAÚDE E QUALIDADE DOS MEDICAMENTOS

27. Do ponto de vista económico e concorrencial, é irrelevante dizer que a autoridade administrativa se limita a usar o *Data--Package* sem revelar o seu conteúdo e que isso não viola o artigo 39.º/3 do TRIPS. Sem a proteção de direitos exclusivos, o artigo 39.º/3 do TRIPS acaba por ter um sentido útil praticamente nulo, do ponto de vista económico.

28. O artigo 39.º/3 do TRIPS fundamenta um verdadeiro direito exclusivo sobre a informação dos ensaios pré-clínicos e clínicos e não apenas um direito de proteção da informação, como fala uma parte da doutrina.

29. O artigo 39.º/3 do Acordo TRIPS, ao consagrar um direito exclusivo sobre a informação dos ensaios pré-clínica e clínicos, protegendo a vantagem competitiva obtida à custa de investimentos significativos em tempo e recursos humanos e materiais, cria um incentivo não negligenciável ao desenvolvimento de medicamentos com maior qualidade, segurança e eficácia.

30. Apesar de o artigo 39.º/3 do TRIPS não fazer referência a um prazo de proteção, os Estados tendem, com boas razões, a limitar o direito à exclusividade sobre os dados constantes do *Data Package* a períodos temporalmente limitados de 5 a 10 anos. Com esta solução, os mesmos adotam soluções harmonizadoras, de tipo híbrido, que procuram combinar a limitação temporal que caracteriza uma boa parte do direito da proteção intelectual com a lógica do segredo comercial de proteção de informação não necessariamente patenteável.

31. Normas sobre a proteção da informação do *Data Package* têm sido incluídas em tratados bilaterais de investimento e comércio livre envolvendo os mais diversos Estados. Normalmente a proteção de dados prolonga-se por prazos de 5 a 10 anos, prevendo-se expressamente e proibição do uso público não comercial.

32. Desta forma consegue-se um equilíbrio razoável entre o interesse em compensar e incentivar o investimento na realização

de uma completa bateria de testes pré-clínicos e clínicos garantidores da qualidade, segurança e eficácia dos medicamentos, e o interesse público em tornar acessível a informação assim obtida, de modo a evitar a repetição desses testes quando do fabrico de medicamentos genéricos.

33. Nos Estados Unidos, a Lei *Hatch-Waxman*, de 1984, procurou antecipar, tanto quanto possível, a entrada de medicamentos genéricos no mercado, permitindo uma maior acessibilidade dos medicamentos, sem agredir dimensões essenciais dos direitos de propriedade intelectual das empresas de medicamentos de referência. A saúde pública requer uma atenção especial à acessibilidade dos medicamentos por parte da generalidade da população, com especial relevo para os mais carenciados. Mas ela requer também a preservação das estruturas que mais investem na inovação nos medicamentos e na elevação dos respetivos padrões de qualidade. Entre outras coisas, esta lei procedeu à criação de um direito limitado sobre a informação constante do *Data Package*, de prazo variável, de acordo com as diferentes categorias de medicamentos. Apesar de não ser perfeita nem isenta de controvérsia nos seus contornos, a mesma constituiu um interessante exemplo da possibilidade de compatibilizar a acessibilidade com a qualidade dos medicamentos.

34. Na União Europeia os medicamentos são sujeitos a rigorosas exigências de qualidade, segurança e eficácia. A Diretiva n.º 2004/27/CE, de 2005, veio garantir um direito absoluto de exclusividade sobre o *Data Package*, de 8 anos. Os medicamentos genéricos só podem ser comercializados, consoante os casos, 10 anos após a autorização inicial do medicamento de referência, concedida a nível nacional ou comunitário, ou 11 anos após a autorização inicial do medicamento de referência, caso, nos primeiros 8 dos 10 anos, o titular da autorização de introdução no mercado do medicamento de referência tenha obtido uma autorização para uma ou mais indicações terapêu-

202 | DIREITO À SAÚDE E QUALIDADE DOS MEDICAMENTOS

ticas novas, que, na avaliação científica prévia à sua autorização, se considere trazerem um benefício clínico significativo face às terapêuticas até aí existentes. A solução europeia articula a exclusividade de dados e a exclusividade de comercialização de forma complementar. Ela assenta numa valoração positiva dos ensaios clínicos realizados em ordem a garantir a segurança e a eficácia dos medicamentos, juntamente com a exploração de novos usos terapêuticos para os medicamentos já existentes.

35. No Brasil, o artigo 5.º XXIX da Constituição Federal de 1988, protege a propriedade intelectual, ao mesmo tempo que o artigo 196.º da mesma lei fundamental consagra o direito à saúde. Ao legislador ordinário cabe equilibrar, de forma constitucionalmente saudável, os direitos fundamentais e o interesse geral, sendo que a proteção dos direitos fundamentais é um elemento constitutivo essencial do interesse geral.

36. Os preceitos constitucionais devem ser interpretados em conformidade com os instrumentos internacionais que protegem, a um tempo, o direito à saúde, nas suas várias dimensões, e o direito de propriedade intelectual. Eles devem apontar para a elevação, tanto quanto possível, dos padrões de realização do direito em presença, com importantes consequências no plano da garantia da novidade, qualidade, segurança e eficácia dos medicamentos.

37. O artigo 196.º da Constituição Federal brasileira de 1988 proíbe que o governo tome ações que diminuam o nível de realização do direito à saúde. Esta norma impede que o governo baixe a fasquia no que respeita ao nível de exigência de controlo qualidade, segurança e eficácia dos medicamentos.

38. Assegurando o direito à saúde um padrão de cuidados de saúde tão elevado quanto possível, os medicamentos de referência, pelo seu caráter inovador e pioneiro e pelas garantias científicas experimentais que rodearam a sua aprovação, não poderão deixar de assumir um lugar central no estabelecimento

CONSIDERAÇÕES CONCLUSIVAS | 203

dos *standards* aceitáveis de proteção e promoção deste direito humano fundamental.

39. O registo dos medicamentos encontra-se regulado no artigo 12.º da Lei n.º 6.360/76 de 23 de Setembro, sobre vigilância sanitária, sucessivamente alterada.

40. O registo dos medicamentos é, desde a entrada em vigor da Lei n.º 9.782/89, de 26 de Janeiro, da competência da ANVISA. Sobre esta entidade administrativa impende a responsabilidade de implementar e executar as normas de vigilância sanitária no Brasil, incluindo o controlo de todos os produtos e serviços que envolvam risco para a saúde pública.

41. Na realização das funções que lhe foram cometidas, as autoridades administrativas devem manter-se fieis ao princípio da neutralidade e imparcialidade da administração, abstendo-se de interferir na posição relativa em que as diferentes empresas se encontram no mercado.

42. A descrição legal dos medicamentos similares torna a sua existência particularmente problemática, do ponto de vista do direito à saúde consagrado no artigo 196.º da Constituição brasileira. Este artigo é violado pelos medicamentos similares, na medida em que se permite que estes entrem no mercado com efeitos terapêuticos distintos, mas sem ajuste de dosagem. Mesmo que isso não viole os direitos de exclusivo do titular da patente, viola o direito à saúde dos pacientes e os seus direitos enquanto consumidores.

43. Nem os medicamentos similares propriamente ditos, nem os medicamentos genéricos, estão sujeitos a uma exigência legal rigorosa de intercambialidade com o medicamento de referência. Este fato é problemático, do ponto de vista da garantia de padrões tão elevados quanto possível de direito à saúde.

44. Todos os medicamentos, e não apenas os inovadores, estão sujeitos, em maior ou menor medida, a uma exigência de

204 | DIREITO À SAÚDE E QUALIDADE DOS MEDICAMENTOS

comprovação da qualidade, segurança e eficácia, que deve observar padrões científicos elevados, sob pena de comprometer a proteção da saúde pública, garantida no artigo 196.º da Constituição Federal brasileira de 1988.

45. A qualidade, segurança e eficácia dos medicamentos tem que ser convenientemente atestada por um conjunto de relatórios, dados e informações especificados pelas autoridades competentes.

46. O artigo 16.º da Lei n.º 6.360/76, sobre vigilância sanitária, estabelece alguns requisitos específicos a que estão sujeitos drogas, medicamentos, insumos farmacêuticos e correlatos.

47. Relativamente aos medicamentos novos, o inciso III do artigo 16.º da Lei n.º 6.360/76 exige, além dos requisitos previstos no inciso II, que sejam prestadas amplas informações sobre a sua composição e o seu uso, para avaliação de sua natureza e determinação do grau de segurança e eficácia necessários. A maior exigência que impende sobre os medicamentos novos, que estão sujeitos aos requisitos do artigo 16.º II e III, justifica-se, compreensivelmente, pelo fato de os mesmos envolverem, geralmente, princípios ativos até então desconhecidos pela comunidade científica.

48. A formulação do artigo 16.º II e III da Lei de vigilância sanitária sugere a inexistência, no Brasil, de um pedido simplificado, ou abreviado, de autorização para os medicamentos genéricos e similares, contrariamente ao que sucede na Europa e nos Estados Unidos.

49. Os medicamentos genéricos e similares não têm que proceder a testes de toxicidade, compreendidos nas fases I e II dos ensaios mencionados, na medida em que estes já foram realizados pelos medicamentos inovadores. Isso significa que o *Data Package* a apresentar pelas empresas de medicamentos genéricos e similares é, apesar de tudo, substancialmente mais reduzido do que o apresentado pelas empresas inovadoras.

50. A administração não pode criar, *moto proprio*, à margem das exigências legais, um procedimento abreviado de autorização de medicamentos genéricos, nem pode criar *"wavers"*, ou derrogações às normas legais, norteada apenas por critérios próprios de conveniência e oportunidade, mesmo tendo como referência as prescrições da legislação estrangeira sobre o assunto. O princípio da legalidade da administração, concretizador do princípio do Estado de direito, contém uma proibição de desrespeito pela lei e uma exigência de aplicação da lei.

51. Nos termos do artigo 6.º e 19.º da Lei brasileira n.º 6.360/76, se um medicamento até então considerado único for dado como nocivo à saúde ou como não preenchendo os requisitos estabelecidos, o mesmo deve ver o seu registo cancelado e ser prontamente removido do mercado ou deve ver alterada a fórmula de composição e os dizeres dos rótulos e das bulas e embalagens, sob pena de cancelamento do registo e da apreensão do produto em todo o território nacional.

52. A norma acima mencionada tem especial importância no caso dos medicamentos similares, em que nem sempre se pode assegurar que a qualidade do produto seja compatível com a identidade das informações sobre posologia e uso terapêutico, constantes na bula, com as correspondentes do medicamento de referência.

53. A legislação brasileira consagra um princípio de proteção dos dados de ensaios pré-clínicos e clínicos. O artigo 195.º da Lei n.º 9.279/96, elenca os crimes contra a concorrência desleal. De acordo com o inciso XIV, comete um crime de concorrência desleal aquele que "divulga, explora ou utiliza-se, sem autorização, de resultados de testes ou outros dados não divulgados, cuja elaboração envolva esforço considerável e que tenham sido apresentados a entidades governamentais como condição para aprovar a comercialização de produtos." A relação semântica desta norma com o artigo 39.º/3 do Acordo TRIPS é manifesta.

206 | DIREITO À SAÚDE E QUALIDADE DOS MEDICAMENTOS

54. Quando usa a informação confidencial constante do *Data Package* que lhe foi submetido no procedimento de autorização de medicamentos de referência para autorizar medicamentos genéricos ou similares, a autoridade reguladora não somente faz uso dessa informação, como permite que as empresas produtoras de genéricos ou similares retirem vantagens económicas e competitivas dessa informação, e com isso consigam uma redução substancial das barreiras à entrada no mercado.

55. A doutrina constitucional há muito que entende que as restrições aos direitos fundamentais devem ser excecionais, ter fundamento constitucional, consagração legal, não ser discriminatórias, ser proporcionais, interpretadas de forma restritiva e devidamente fundamentadas. Além disso, as mesmas não podem neutralizar o conteúdo útil do direito restringido.

56. Para além da proteção que confere aos seus titulares individualmente considerados, permitindo-lhes usar, fruir e dispor dos seus bens, o direito da propriedade contém uma garantia institucional de natureza objetiva, que tem como objetivo restringir a capacidade estadual de interferência no seu exercício.

57. Os direitos de propriedade intelectual dizem respeito a informação simbólica, a qual, apesar de não ter subsistência física ou material, não é por isso menos real e valiosa. Por esse motivo é inteiramente justificado extender-lhe a proteção jurídica típica direito de propriedade, com os inerentes direitos de exclusividade, tanto mais que também este direito é uma grandeza imaterial.

58. O direito de propriedade prossegue um conjunto amplo complexo de funções sociais, incompatível com leituras unidimensionais e redutoras. O mesmo sucede, de resto, com a generalidade dos direitos fundamentais. O seu âmbito de proteção e de garantia resulta da ponderação entre as exigências da autonomia individual, do interesse público e da estabilidade e previsibilidade da ordem jurídica.

59. A generalidade das ordens jurídicas estabelece o princípio da excecionalidade das restrições ao direito de propriedade, juntamente com a exigência de justa indemnização no caso de apropriação pelos poderes públicos.

60. No domínio dos medicamentos, o direito patentário, o segredo comercial e a proteção da informação contida no *Data Package* são mecanismos de propriedade intelectual indispensáveis para a promoção do investimento na inovação e elevação do padrão de qualidade dos medicamentos. Desse modo prossegue-se uma importante função económica e social, de atração do investimento direto estrangeiro e transferência de tecnologia, por um lado, e, por outro lado, de proteção e promoção do direito à saúde, nas suas dimensões individuais e coletivas, a médio e longo prazo.

61. Falar em função social da propriedade não constitui autorização suficiente para postergar o princípio da proporcionalidade em sentido amplo, ou da proibição do excesso, e a exigência de ponderação cuidadosa do significado e do peso dos bens jurídicos em confronto. A restrição do direito de propriedade deve ser a alternativa menos restritiva de entre todas as alternativas possíveis para prosseguir o mesmo fim.

62. Uma utilização da informação do *Data Package* que neutralize substancialmente a sua utilidade económica competitiva, sem atender ao impacto económico desse ato sobre o investimento realizado e às expectativas a ele associadas, não resiste, de modo algum, ao teste do princípio da proporcionalidade em sentido amplo.

63. O uso da informação dos ensaios para autorizar medicamentos similares e genéricos, que pretendam concorrer com o medicamento inovador, mesmo sem a respetiva divulgação, permite às empresas concorrentes beneficiarem dos investimentos por outras realizadas, colocando-as numa posição de considerável vantagem competitiva e impedindo a empresa inovadora

208 | DIREITO À SAÚDE E QUALIDADE DOS MEDICAMENTOS

de gozar de um monopólio temporário sobre essa informação em ordem a recuperar o investimento realizado nos ensaios do novo medicamento e, em muitos casos, nos ensaios de outros medicamentos que não tenham sido suficientemente bem sucedidos no mercado.

64. A prossecução de políticas públicas não pode, em via de princípio, ser levada a cabo através de medidas que se traduzam numa concentração dos encargos sobre um setor da sociedade, em benefício dos demais, porque isso violaria princípios fundamentais de igualdade, reciprocidade e justiça distributiva.

65. O princípio da igualdade perante os encargos públicos não pode deixar de ser mobilizado no contexto da relação que se estabelece entre as empresas farmacêuticas que investem na inovação e aquelas que se limitam a beneficiar da cópia de medicamentos inovadores.

66. À luz do direito humano fundamental à saúde, é irracional e injustificável que se penalize em maior medida as empresas que mais investem na inovação e na qualidade dos medicamentos, em benefício das que menos investem.

67. A utilização da informação fornecida à administração para autorizar medicamentos genéricos e similares representa uma privação dos benefícios económicos da propriedade intelectual àquelas empresas que mais investiram na inovação e na qualidade.

68. O uso da informação do *Data Package*, neutralizando a respetiva utilidade económica, representa uma medida funcionalmente equivalente a uma expropriação, sem qualquer compensação adequada.

69. No domínio da indústria farmacêutica, a função social do sistema de propriedade intelectual, incluindo o sistema de patentes, o segredo comercial e os direitos exclusivos sobre o *Data Package*, consiste, em boa medida, em criar uma estrutura de

incentivos que permita a afetação continuada de meios financeiros e capacidade tecnológica para o desenvolvimento de medicamentos inovadores, seguros, eficázes e de qualidade, na convicção de que isso permitirá melhorias substanciais na saúde pública a médio e longo prazo.

70. A simples utilização da informação constante do *Data Package* para autorizar um medicamento concorrente representa sempre uma substancial diminuição do respetivo valor económico e uma completa neutralização da vantagem comparativa que ela representa.

71. O fato de o direito de proteção da informação do *Data Package* ser passível de restrição não significa que seja compatível com qualquer restrição, especialmente quando esta neutralize a utilidade económica e competitiva dessa informação, em termos que, além do mais, elevem os riscos para a saúde pública.

72. O *Data Package* contém toda a informação recolhida durante exaustivos e onerosos testes, que se prolongam ao longo de vários anos. O investimento envolvido em ensaios pré-clínicos e clínicos, que chega a exceder o realizado no desenvolvimento do produto, tem que ser devidamente incentivado e compensado, na medida em que tem como objetivo garantir a qualidade dos medicamentos, essencial à proteção e promoção do direito à saúde. Desincentivar esse investimento, não permitindo a sua justa e devida remuneração, é elevar o risco para a saúde pública.

73. Permitir uma antecipação da entrada de medicamentos similares e genéricos no mercado sem estarem asseguradas as condições de adequada reprodução do medicamento de referência, e sem dar tempo à emergência de uma massa crítica de conhecimento sobre o uso e os efeitos do medicamento de referência, é reduzir substancialmente a qualidade dos medicamentos acessíveis ao público, também por essa via pondo em risco a saúde pública.

210 | DIREITO À SAÚDE E QUALIDADE DOS MEDICAMENTOS

74. Quanto mais cedo um medicamento for copiado, geralmente em condições de manufatura deficientes e sem o conhecimento exaustivo da sua composição e das suas propriedades, maior é o risco de degradação da qualidade das cópias. As vantagens de uma maior acessibilidade dos medicamentos podem ser significativamente neutralizadas por via da sua menor qualidade, segurança e eficácia. Não há provas de que a violação dos direitos exclusivos sobre o *Data Package* seja adequada para a proteção do direito à saúde.

75. A promoção da saúde pública implica a tomada de medidas, por parte dos poderes públicos, em muitas outras frentes para além da maior acessibilidade dos medicamentos. Pelo que nem sequer é certo que a garantia de medicamentos de baixo custo, inevitavelmente de qualidade bastante inferior à dos medicamentos de referência, constitua o meio alternativo necessário e menos restritivo, para a realização da finalidade constitucional e jurídico-internacional de proteção do direito à saúde.

76. Não está demonstrado, além disso, que a generalização precoce de medicamentos similares e genéricos, não possa ter mais custos para a saúde pública, por causa da degradação da qualidade que significa, do que benefícios.

77. A proteção da capacidade económica da indústria farmacêutica é um bem jurídico indissociável do próprio direito à saúde. Nesse contexto se inscreve a proteção da propriedade intelectual das empresas farmacêuticas, em todas as suas dimensões, de garantia da qualidade e de proteção dos investimentos realizados. Essa proteção pode ser levada a cabo de forma razoável e equilibrada, sem pôr em causa o interesse do público, e dos poderes públicos, na maior acessibilidade dos medicamentos.

78. As empresas de medicamentos genéricos praticam preços mais reduzidos, não porque sejam empresas socialmente mais responsáveis ou mais preocupadas com os direitos humanos em

geral e com o direito à saúde das populações em particular, mas apenas porque os seus preços refletem os baixos custos incorridos no desenvolvimento e produção de medicamentos que outros produziram.

79. Apesar de tudo quanto possa ser dito em abono da qualidade dos medicamentos genéricos, o que é certo é que os mesmos são feitos sem atender a muita da informação relevante constante do *Data Package*.

80. O direito à saúde não pode ser usado para justificar a penalização daqueles que mais investem na inovação e na qualidade dos medicamentos, para beneficiar aqueles que menos investem nesses domínios. Uma vez conseguido um equilíbrio razoável, existe certamente um papel de relevo a ser desempenhado por empresas de medicamentos de referência e de genéricos, protagonistas essenciais na realização do direito à saúde.

81. Uma política permissiva relativamente a medicamentos similares e contrafeitos por razões unicamente relacionadas com o baixo preço e a acessibilidade dos medicamentos pode revelar-se desastrosa para a saúde pública, colocando numa posição especial de risco e vulnerabilidade aqueles pacientes com menos capacidade para pagar.

82. A proliferação de medicamentos genéricos, similares e contrafeitos, a circular por todo o mundo frequentemente em canais de distribuição e comercialização pouco fidedignos, constitui um problema de saúde pública internacional das maiores proporções.

83. O livre acesso ao mercado de medicamentos genéricos e similares, à margem de quaisquer constrições impostas pelos direitos de propriedade intelectual e pela proteção da informação recolhida ao longo dos testes clínicos e pré-clínicos exigidos pelas autoridades sanitárias, pode ser apelativo do ponto de vista da satisfação das necessidades imediatas dos consumido-

212 | DIREITO À SAÚDE E QUALIDADE DOS MEDICAMENTOS

res e do erário público, mas não resolve o problema da continuidade do investimento na inovação e na qualidade dos medicamentos.

84. O desrespeito pela propriedade intelectual pode travar a inovação no medicamento e inundar o mercado de medicamentos de qualidade inferior, não raramente fabricados em instalações insalubres, localizadas em Estados que não garantem condições mínimas aceitáveis de segurança. Além disso, ele diminui a capacidade de atração de investimento direto estrangeiro, enfraquecendo a capacidade de crescimento económico e progresso social.

85. A diminuição dos incentivos ao investimento na produção de novos medicamentos e na realização de ensaios rigorosos, a pretexto de salvaguardar os interesses de curto prazo de pacientes e contribuintes, representará, a médio prazo, a existência de menos medicamentos novos e de qualidade disponíveis às populações, incluindo as populações dos Estados em desenvolvimento.

86. Semelhante resultado é incompatível com as exigências optimizadoras de elevação dos padrões de qualidade no domínio da saúde pública, impostas pelo direito constitucional e pelo direito internacional dos direitos humanos.

Bibliografia

ABBOTT, A. F. (2008 / 2009). Competition Policy and its Convergence as Key Drivers of Economic Development. *Mississippi College Law Review*, p. 28.

ANAWALT, H. C. (2003). International Intellectual Property, Progress, and the The Rule of Law. *Santa Clara Computer and High Technology Law Journal, 19*, p. 383.

ARORA, A. &. (13, 2004). Specialized Supply Firms, Property Rights and Firm Boundaries. *Indus. & Corp. Change*, p. 451.

BACKER, L. C. (2009). From Constitution to Constitutionalism: A Global Framework for Legitimate Public Power Systems. *Penn State Law Review, 113*, p. 671.

BAKER, B. K. (2008). Ending Drug Registration Apartheid: Taming Data Exclusivity and Patent/Registration Linkage. *American Journal of Law & Medicine 34*, p. 309.

BARBOSA, D. B. (2003). *Propriedade Intelectual: A Aplicação do Acordo TRIP's.* Rio de Janeiro: Lumen Iuris.

BARBOSA, P. M. (2009). A Protecção dos Dados de Testes Sigilosos Submetidos à Regulação Estadual. *Criação 1/2*, pp. 213-254.

BEATER, A. (2007). *Medienrecht.* Tübingen: Mohr Siebeck.

BUNCH, J. N. (2005). Takings, Judicial Takings, and Patent Law. *Texas Law Review, 83*, p. 1747.

CANN Jr., W. A. (2004). On the Relationship Between Intellectual Property Rights and the Need of Less-Developed Countries for Access to Pharmaceuticals: Creating a Legal Duty to Supply under a Theory of Progressive Global Constitutionalism. *University of Pennsylvania Journal of International Economic Law 25*, p. 791.

214 | DIREITO À SAÚDE E QUALIDADE DOS MEDICAMENTOS

CANOTILHO, J. G., & CASTRO, P. C. (2006). Do Efeito Directo do Art. 33.º do Acordo TRIPS. *Separata de Homenagem ao Prof. Doutor André Gonçalves Pereira, Edição da Faculdade de Direito da Universidade de Lisboa.*

CANOTILHO, J. G., MACHADO, J., & RAPOSO, V. L. (2008). *A questão da Constitucionalidade das Patentes "Pipeline" à luz da Constituição Federal brasileira de 1988.* S. Paulo: Almedina.

CANOTILHO, J. J. (2003). *Direito Constitucional e Teoria da Constituição 7 ed.* Coimbra: Coimbra Editora.

CARVALHO, N. P. (2008). *The TRIPS Regime of Antitrust and Undisclosed Information.* Kluwer Law International.

CARVALHO, N. P. (2005). *The TRIPS Regime of Patent Rights, 2nd ed.* The Netherlands, USA, UK: Kluwer Law International.

CASTELLANO, R. A. (2006). Patent Law for New Medical Uses of Known Compounds and Pfizer's Viagra Patent. *IDEA, 46*, p. 283/315.

CHILDS, D. W. (2005). The World Health Organization's Prequalification Program and Its Potential Effect on Data Exclusivity Laws. *Food and Drug Law Journal, 60*, p. 79.

CHUNG, C. A. (13, 2006). A Cry for Cheap Drugs: CAFTA's Inflexible Intellectual Property Protections Create an Ominous Impact on Life-Saving Medicines. *Southwestern Journal of Law and Trade in the Americas.*

CORREA, C. M. (2002). "Unfair Competition under the TRIPS Agreement: Protection of Data Submitted for the Registration of Pharmaceuticals. *Chicago Journal of International Law, 3, 69.*

CORREA, C. M. (1997). *Temas de Propriedad Intelectual.* Buenos Aires: CBC.

COWLEY, E. M. (2007). The Right to Health: Guatemala's Conflicting Obligations Under the Central American Free Trade Agreement and The International Covenant on Economic, Social, and Cultural Rights. *Journal of Medicine and Law, 11*, p. 227.

CUNHA, L. P. (2008). *O Sistema Comercial Multilateral e os Espaços de Integração Regional.* Coimbra: Coimbra Editora.

DAVIDSON, N. M. (2008). The Problem of Equality in Takings. *Northwestern University Law Review, 102*, p. 1.

DICKSON, M. J. (2004). Key Factors in the Rising Cost of New Drug Discovery and Development. *Nature Review Drug Discover,3.*

DiMATTEO, L. A. (2006). *International Business Law 2 ed.* Ohio: Thomson.

BIBLIOGRAFIA | 215

DUTFIELD, G. (2008). Delivering Drugs to the Poor: Will the TRIPS Amendment Help? *merican Journal of Law & Medicine, 34.*

EGGERTSSON, T. (1991). *Economic Behaviour and Institutions.* Cambridge University Press.

ENG, V. (2009). Drug Safety: It's a Learning Process. *St. John's Journal of Legal Commentary, 24.*

FADEN, L. B.-M. (2008). Pharmacovigilance Activities in the United States, European Union and Japan: Harmonic Convergence or Convergent Evolution? *Food and Drug Law Journal, 63,* p. 683.

FELDMAN, J. (2009). Compulsory Licenses: The Dangers Behind The Current Practice. *Journal of International Business and Law, 8,* p. 137.

FELLMETH, A. X. (2004). Secrecy, Monopoly, and Access to Pharmaceuticals in International Trade Law: Protection of Marketing Approval Data under the TRIPS Agreement. *Harvard International Law Journal, 45,,* p. 460.

FINK, C.,. (2005). *Intellectual Property and Development – Lessons from Recent Economic Research.*

FRANCOIS, W. (1994). *Mass Media Law and Regulation, 6.ª ed.* Prospect Heights, III.

GATHI, J. T. (2002). The Doha Declaration on Trips and Public Health Under the Vienna Convention of the Law of Treaties. *Harvard Journal of Law and Technology, 15, 2.*

GRAHAM, D. (2008). Delivering Drugs to the Poor: Will the TRIPS Amendment Help? *American Journal of Law & Medicine, 34.*

GREENE, S. (2005). A Prescription for Change: How the Medicare Act Revises Hatch-Waxman to Speed Market Entry of Generic Drugs. *The Journal of Corporation Law, 30,* p. 309.

GUELLEC, D., & POTTERIE, B. v. (2007). *The Economics of the European Patent System.* Oxford: Oxford University Press.

HÄBERLE, P. (2004). Wechselwirkung zwischen deutschen und ausländischen Verfassungen. In (. Merten, & Papieren), *Handbuch der Grundrechte in Deutschland und Europa, Entwicklung und Grundlagen, I* (p. 315). Heidelberg.

HAREID, J. A. (2009). In Search of an Elixir: What Ails the Pharmaceutical Industry in Europe and How to Use the Competition Laws to Cure It. *Minnesota Journal of Law, Science & Technology, 10,* p. 727.

216 | DIREITO À SAÚDE E QUALIDADE DOS MEDICAMENTOS

HO, C. M. (2007). Access to Essential Medicines: A New World Order for Addressing Patent Rights and Public Health. *Chicago-Kent Law Review, 82.*

HUGHES, J. (1988). The Philosophy of Intellectual Property. *Georgetown Law Journal, 77,* p. 287.

JACKSON, C. M. (2008). The War on Drugs: How KSR v. Teleflex and Merck v. Integra Continue the Erosion of Pharmaceutical Patent Protection. *Capital University Law Review, 36.*

JAMAR, S. D. (1994). The International Human Right to Health. *Southern University Law Review, 22,* p. 1.

JORDA, K. F. (48, 2008). Patent and Trade Secret Complementariness: An Unsuspected Synergy. *Washburn Law Journal,* p. 1.

JUNOD, V. (2004). Drug Marketing Exclusivity Under United States and European Union Law. *Food and Drug Law Journal, 59,* p. 479.

KEENER, S. J. (2009). A Life Worth Living: Enforcement of the Right to Health Through the Right to Life in the Inter-American Court of Human Rights. *Columbia Human Rights Law Review, 40,* p. 595.

KUPIEC, J. A. (2008). Returning To Principles of "Fairness And Justice": The Role Of Investment-Backed Expectations In Total Regulatory Taking Claims. *Boston College Law Review, 49,* p. 865.

LAW, D. S. (2008). Globalization and the Future of Constitutional Rights. *Northwestern University Law Review, 102,* p. 1277 ss.

LAWRENCE, R. S. (2008). Poverty, Food Security, and the Right to Health. *Georgetown Journal on Poverty Law & Policy, 15,* p. 583.

LEMLEY, M. A. (61, 2008). The Surprising Virtues of Treating Trade Secrets as IP Rights. *Stanford Law Review,* p. 311.

LEONARDOS, G. S. (1999). Dos prazos de validade das patentes em vista do acordo "TRIPs" e da nova Lei de Propriedade Industrial (Lei 9.279/96). *Revista Forense, Rio de Janeiro, vol. 345, jan./mar. 1999.*

LERNER, J. (2008). Intellectual Property and Development at WHO and WIPO. *American Journal of Law & Medicine, 34,* p. 257.

LIANG, B. A. (2008). A Dose of Reality: Promoting Access to Pharmaceuticals. *Wake Forest Intellectual Property Law Journal, 8,* p. 301.

LIANG, B. A. (2006). Fade to Black: Importation and Counterfeit Drugs. *American Journal of Law & Medicine, 32,* p. 279.

LOCKE, J. (1988). The Second Treatise of Government. In P. Laslet, *Two Treatises of Government*. Cambridge: Cambridge University Press.

LUBENS, R. (2007). The Social Obligation Of Property Ownsership: A Comparison of German and U.S. Law. *Arizona Journal of International and Comparative Law, 24*, p. 389.

LYARD, M. A. (maio-junho de 2006). Patentes de Medicamentos: Questões Actuais. *Revista da APBI, 82.*

MACHADO, J. E. (2006). *Direito Internacional: Do Paradigma Clássico ao Pós-11 de Setembro, 3.ª ed.*. Coimbra: Coimbra Editora.

MACHADO, J. E. (2002). *Liberdade de Expressão*. Coimbra: Coimbra Editora.

MEIER, B. M. (2005). The Highest Attainable Standard: Advancing a Collective Human Right to Public Health. *Columbia Human Rights Law Review, 37*, p. 101.

MERGES et. al., R. P. (2008). *Intellectual Property in the New Technological Age: 2008 Case and Statutory Supplement, 4.ª ed.*.

MICHELMAN, F. (1967). Property, Utility, and Fairness: Comments on the Ethical Foundations of "Just Compensation" Law. *Harvard Law Review*, p. 1165.

NEGRINOTTI, M. (2008). Abuse of Regulatory Procedures in the Intellectual Property Context: The AstraZeneca Case. *29 European Competition Law Review*, p. 446.

NOVOTNY, T. E. (2007). Global Governance and Public Health Security in the 21st Century. *California Western International Law Journal, 38*, p. 19.

OUTTERSON, K. (5, 2005). Pharmaceutical Arbitrage: Balancing Access and Innovation in International Prescription Drug Markets. *Yale Journal of Health Policy, Law and Ethics.*

PARK, W. G., & LIPPOLDT, D. C. (2008). *Walter G. Park & Douglas C. Lippoldt, Technology Transfer and the Economic Implications of the Strengthening of Intellectual Property Rights in Developing Countries,*. OECD Trade Policy Working Papers, No. 62, OECD Publishing.

PAVAGEAU, S. (2006). *Le Droit de Proprieté dans les Jurisprudences Supremes Françaises, Européenes e Internationales*. Poitiers.

PERRITY Jr., H. H. (2008). *Trade Secrets: A Practitioner's Guide, 2.ª ed.*. Practising Law Institute.

218 | DIREITO À SAÚDE E QUALIDADE DOS MEDICAMENTOS

PETERSMANN, E.-U. (2003). Theories of Justice, Human Rights, and the Constitution of International Markets. *Loyola of Los Angeles Law Review, 37*, p. 407.

PINHEIRO, P., & GORJÃO-HENRIQUES, M. (2009). *Direito do Medicamento*. Coimbra Editora.

PINTO, C. A. (2005). *Teoria Geral do Direito Civil, 4.ª ed.,*. Coimbra: Coimbra Editora.

PRIESS, H.-J. B. (2003). *WTO-Handbuch, World Trade Organization*. München: C.H. Beck.

PURNHAGEN, K. P. (2008). The Challenge of Globalization in Pharmaceutical Law – Is an International Drug Approval System Modeled after the European System Worth Considering? *Food and Drug Law Journal, 63*, p. 623.

RAJKUMAR, R. (2005). The Central American Free Trade Agreement: an End Run Around the Doha Declaration on TRIPS and Public Health. *Albany Law Journal of Science & Technology, 15*, p. 433.

RAWLS, J. (1971). *A Theory of Justice*. Oxford: Oxford University Press.

REICH, A. (1998). *Magdeburger Kommentar zum Grundgesetz*. K. H. Bock.

REICHMAN, J. H. (2009). Rethinking The Role of Clinical Trial Data in International Intellectual Property Law: The Case for a Public Goods Approach. *Marquette Intellectual Property Law Review, 13*.

RILEY, J. R. (2002). The Community Patent, or: How I Learned to Stop Worrying and Love the English Language. *Santa Clara Computer and High Technology Law Journal, 18*.

ROIN, B. N. (2009). Unpatentable Drugs and the Standards of Patentability. *Texas Law Review, 87*, p. 511 ss.

RUGER, J. P. (2006). Toward a Theory of a Right to Health: Capability and Incompletely Theorized Agreements. *Yale Journal of Law & the Humanities, 18*, p. 273.

SANDERS, A. K. (2007). Intellectual Property, Free Trade Agreements and Economic Development. *Georgia State University Law Review, 23*, p. 893.

SAUNDERS, K. M. (2006). The Law and Ethics of Trade Secrets: A Case Study. *California Western Law Review, 42*, p. 209.

SCHÄFER, P. (2006). *Studienbuch Europarecht, Das Wirtshaftrecht der EG, 3 ed.*. Stuttgart.

BIBLIOGRAFIA | 219

SCHMIDT, R. (2009). *Grundrechte, 11.ª ed.*. Hamburg.

SCHULTZ, M., & GELDER, A. v. (2008 / 2009). Creative Development: Helping Poor Countries by Building Creative Industries. *Kentucky Law Journal, 97*, p. 79.

SCHWARTZ, M. I. (2008). To Ban or Not to Ban – That Is The Question: The Constitutionality of a Moratorium on Consumer Drug Advertising. *Food and Drug Law Journal, 63*, p. 1.

SELL, S. K. (2002). Post-TRIPS Developments: The Tension Between Commercial and Social Agendas in the Context of Intellectual Property. *Florida Journal of International Law, 14*, p. 193.

SEN, A. K. (1999). *Development as Freedom.*

SHEEHE, J. (2009). Indian Patent Law: Walking the Line? *Northwestern Journal of International Law & Business, 29*, p. 577.

SICHEL, R. L. (2009). Perspectivas do Direito Patentário na Europa. In P. L. CARVALHO, *Propriedade Intelectual, Estudos em Homenagem à Professora Maristela Basso* (pp. 143-153). Curitiba: 2009.

SKILINGTON, G. L. (2003). The Protection of Test and Other Data Required by Article 39.3 of the TRIPS Agreement. *Northwestern Journal of International Law & Business 24*, pp. 1-52.

STEIN, E. G. (2002). *Staatsrecht, 18 ed.* Mohr Siebeck.

STOKES, S. (2000). European Community: Patents — Commission Proposes the Creation of a Community Patent. *European Intellectual Property Review, 22*, pp. 155-6.

SUKHATME, L. (2007). Deterring Fraud: Mandatory Disclosure and the FDA Approval Process. *New York University Law Review, 82*, p. 1210.

SUNSTEIN, C. R. (2005). Constitutive Commitments Roosevelt's Second Bill of Rights: A Dialogue. *Drake Law Review, 53*, p. 205.

VARGAS, F. A. (2009). O Regime Internacional de Protecção do Acesso a Medicamentos: Um Enfoque Social. In P. L. CARVALHO, *Propriedade Intelectual, Estudos em Homenagem à Professora Maristela Basso* (pp. 315-332). Curitiba: Juruá.

VITZTHUM, W. G. (2008). *Völkerrecht.* Berlim.

WEIGEL, W. (2008). *The Economics of Law.* London.

WEISFELD, A. (2006). How Much Intellectual Property Protection Do the Newest (and Coolest) Biotechnologies Get Internationally? *Chicago Journal of International Law, 6*, p. 833.

WHARTON, J. S. (2003). "Orange Book" Listing of Patents Under the Hatch--Waxman Act. *Saint Louis University Law Journal, 47*, p. 1027.

WHEATON, J. J. (1986). Generic Competition and Pharmaceutical Innovation: The Drug Price Competition and Patent Term Restoration Act of 1984. *Catholic University Law Review 35*, p. 433.

YOUNG, A. R. (2009). Generic Pharmaceutical Regulation in the United States With Comparison to Europe: Innovation and Competition. *Washington University Global Studies Law Review, 8*, p. 165.

YU, P. K. (2007). The International Enclosure Movement. *Indiana Law Journal, 82*, p. 827.

YU, P. K. (2009). The Objectives and Principles of the TRIPS Agreement. *Houston Law Review, 46*, p. 979.

Índice

1 Introdução 5

2 Direito à saúde e medicamentos farmacêuticos 9

   2.1 O direito internacional dos direitos humanos 9

   2.2 O direito à saúde como direito humano 11

      2.2.1 Consagração nos instrumentos internacionais 12

      2.2.2 O Comentário Geral 14 sobre o direito à saúde 14

      2.2.3 Irradiação jurídica e política internacional 16

3 Inovação nos medicamentos farmacêuticos 23

   3.1 Desenvolvimento económico e conhecimento 23

   3.2 Investigação e desenvolvimento nos medicamentos 24

   3.3 Inovação e medicamentos de referência 27

   3.4 Medicamentos genéricos e acessibilidade 31

   3.5 Medicamentos copiados 34

   3.6 Proteção patentária e proteção de dados 36

4 A introdução do medicamento no mercado 39

   4.1 O dever de garantia da qualidade dos medicamentos 39

   4.2 Qualidade, segurança e eficácia 41

   4.3 Testes pré-clínicos e clínicos 43

   4.4 A exigência de um Data Package 46

5 Proteção do Data Package e inovação no medicamento 49

   5.1 O relevo da proteção do Data package 49

   5.2 Exclusividade de dados e medicamentos patenteáveis 52

   5.3 Exclusividade de dados e medicamentos não-patenteáveis 53

222 | DIREITO À SAÚDE E QUALIDADE DOS MEDICAMENTOS

6 Data Package e direito da concorrência 55

6.1 Direito da concorrência e concorrência desleal 55

6.2 Vantagem comparativa e direitos exclusivos sobre a informação 59

    6.2.1 Propriedade intelectual patentária 59

    6.2.2 Segredo comercial 64

    6.2.3 Direito exclusivo sobre o Data Package 69

    6.2.4 Complementaridade de meios de proteção 73

7 Data Package no direito internacional 75

7.1 Exclusividade de dados no Acordo TRIPS 75

    7.1.1 O sistema GATT/OMC 75

    7.1.2 O sistema OMC/TRIPS 78

    7.1.3 Propriedade intelectual e saúde pública 82

    7.1.4 A Declaração de Doha sobre saúde pública 86

    7.1.5 Acordo TRIPS e a exclusividade de dados 92

7.2 O Data Package no direito internacional para além do TRIPS ... 128

    7.2.1 Acordos regionais e bilaterais de investimento e comércio
livre 128

    7.2.2 Exclusividade de dados nos acordos de comércio livre 133

7.3 Exclusividade de dados nos Estados Unidos e na Europa 137

    7.3.1 A Lei Hatch-Waxman norte-americana 137

    7.3.2 O direito europeu e a legislação portuguesa 146

8 Registo de medicamentos e Data Package no Brasil 161

8.1 Direitos exclusivos patentários 162

8.2 Medicamentos similares, genéricos e de referência 165

8.3 Registo dos medicamentos 169

8.4 A ANVISA e a proteção de dados 174

8.5 Limites à proteção de dados 177

    8.5.1 Função social da propriedade 178

    8.5.2 Saúde pública 189

9 Considerações conclusivas 195

BIBLIOGRAFIA 213

Impressão e Acabamento: